首都圏版⑮ 使いやすい！教えやすい！家庭学習に最適の問題集！

東洋英和女学院 小学部

JN126603

2021年度版 過去問題集

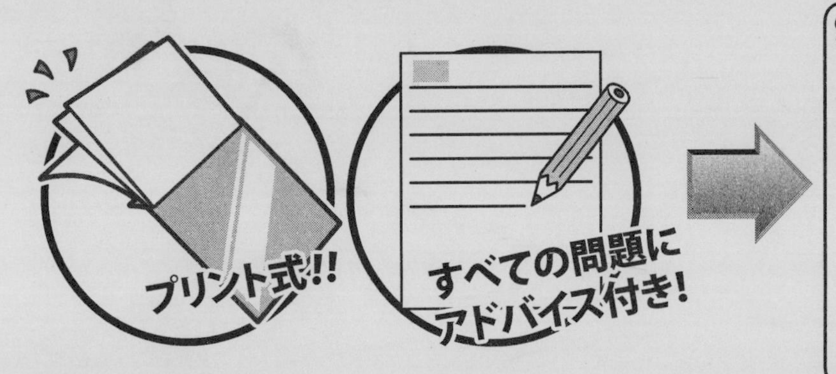

<問題集の効果的な使い方>

①お子さまの学習を始める前に、まずは保護者の方が「入試問題」の傾向や、どの程度難しいか把握します。もちろん、すべての「学習のポイント」にも目を通してください
②各分野の学習を先に行い、基礎学力を養いましょう！
③「力が付いてきたら」と思ったら「過去問題」にチャレンジ！
④お子さまの得意・苦手がわかったら、その分野の学習をすすめ、全体的なレベルアップを図りましょう！

合格のための問題集

東洋英和女学院小学部

分野	問題集
推理	Ｊｒ・ウォッチャー６「系列」
推理	Ｊｒ・ウォッチャー47「座標の移動」
言語	Ｊｒ・ウォッチャー60「言葉の音（おん）」
数量	Ｊｒ・ウォッチャー42「一対多の対応」
記憶	１話５分の読み聞かせお話集①②

全40問

昨年度実施の過去問題 ＋ それ以前の特徴的な問題 を収録!!

日本学習図書 ニチガク

ニチガク式学習支援!!

日本学習図書（ニチガク）

こんなこと…ありませんか？

「ニチガクの問題集…買ったはいいけど、、、
この問題の教え方がわからない（汗）」

メールでお悩み解決します！

- ☆ホームページ内の専用フォームで必要事項を入力！
- ☆教え方に困っているニチガクの問題を教えてください！
- ☆確認終了後、具体的な指導方法をメールでご返信！
- ☆全国どこでも！スマホでも！ぜひご活用ください！

<質問回答例>

学習のポイント

推理分野の学習では、後の学習に活きる思考力を養うことができます。ご家庭で指導する場合にも、テクニックにたよらず、保護者の方が先に基本的な考え方を理解した上で、お子さまによく考えさせることを大切にして指導してください。

Q.「お子さまによく考えさせることを大切にして指導してください」と学習のポイントにありますが、考える習慣をつけさせるためには、具体的にどのようにしたらいいですか？

A.お子さまが考える時間を持てるように、質問の仕方と、タイミングに工夫をしてみてください。
たとえば、「答えはあっているけど、どうやってその答えを見つけたの」「答えは○○なんだけど、どうしてだと思う？」という感じです。はじめのうちは、「必ず30秒考えてから手を動かす」などのルールを決める方法もおすすめです。

まずは、ホームページへアクセスしてください!!

http://www.nichigaku.jp　日本学習図書　検索

家庭学習ガイド
東洋英和女学院小学部

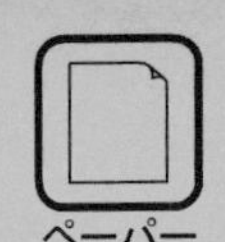

ペーパー　制作　運動　口頭試問　行動観察　親子面接

入試情報

応募者数：女子 301 名
出題形態：ペーパー
面　　接：保護者・志願者面接
出題領域：ペーパー（常識、数量、言語、推理、図形）、制作、行動観察、運動

入試対策

ここ数年、当校の入試内容自体には大きな変化はありません。「常識」「数量」「言語」「推理」「図形」など広い分野から出題されています。基礎問題中心で、正確さとスピードを要求される問題が多いのも特徴でしょう。中でも、「数量」の問題はさまざまな角度から出題されますから、類題を繰り返し練習しておく必要があります。また、推理分野の問題では、発展的な問題も目立つようになりました。言い方はよくありませんが、入試全体のレベルが少し上がっていることがわかります。とは言え、当校の入試では基礎基本の徹底がもっとも効果的な学習です。過去問題の学習と足りないと思われる分野を重点的に対策学習すれば、少なくとも合格のボーダーライン以上の点は取れるのではないでしょうか。合格を確実にするためには、その学力に加えてのコミュニケーション力、つまり指示を理解すること、それに従って行動すること、さらにその行動の過程でほかの人に気が配れることなどが必要になってきます。

- ●ペーパーテストの出題分野は、過去を振り返るとさまざまな分野から出題されています。前年度に出題されていなくてもしっかりと対策を取っておく必要があります。
- ●当校の「自由遊び」は、比較的時間が長いのが特徴です。子どもらしく楽しく遊べることが第一ですが、お友だちとの譲り合いや、コミュニケーションがきちんと取れることも大切です。

必要とされる力　ベスト6

チャートで早わかり！

考え　観察　知識　語彙　集中　話す

特に求められた力を集計し、左図にまとめました。
下図は各アイコンの説明です。

	アイコンの説明
集中	集　中　力…他のことに惑わされず１つのことに注意を向けて取り組む力
観察	観　察　力…２つのものの違いや詳細な部分に気付く力
聞く	聞　く　力…複雑な指示や長いお話を理解する力
考え	考える力…「～だから～だ」という思考ができる力
話す	話　す　力…自分の意志を伝え、人の意図を理解する力
語彙	語　彙　力…年齢相応の言葉を知っている力
創造	創　造　力…表現する力
公衆	公衆道徳…公衆場面におけるマナー、生活知識
知識	知　　識…動植物、季節、一般常識の知識
協調	協　調　性…集団行動の中で、積極的かつ他人を思いやって行動する力

※各「力」の詳しい学習方法などは、ホームページに掲載してありますのでご覧ください。http://www.nichigaku.jp

「東洋英和女学院小学部」について

〈合格のためのアドバイス〉

　併願校の日程によって志願者数の増減はあるものの、毎年高倍率の試験が行われています。お子さまはもちろん、保護者の方にもそれなりの準備は必要となってきますので、ある程度の余裕を持って準備を進めていきましょう。

　テストの内容自体には、ここ数年大きな変化は見られず、ペーパーテスト、行動観察、運動テスト、制作テストが行われました。ペーパーテストでは、**常識・数量・言語・推理・図形**などが出題されています。多分野から幅広い出題がありますので、基礎力の充実とケアレスミスに気を付けることが重要です。

　特に言語分野の問題は、ほかの入試で見られるような類型的問題ばかりではなく、特徴的な出題も見られます。語彙を増やすのはもちろんのこと、実生活でその言葉がどのように使われるかまでを知る学習が必要になります。

　工作・巧緻性では、グループでの**課題制作**が出題されています。また、行動観察としては自由遊びが毎年出題されています。どちらもお子さまの生活の様子をうかがう試験で、才能や個性を評価するためのものではなく、協調性のあるなしを判断していると考えてください。つまり、集団で１つのものを作り上げる**課題制作**では、作品の巧拙は大きな評価の対象ではなく、主体的に参加しているか、力を合わせて課題に取り組んでいるか、といったところが観点となっているということです。工作や絵画の教室に通うよりも、お友だちとの遊びの時間が大切になるかもしれません。**保護者・志願者面接**は、面接直前に書くアンケートに基づいて行われます。夫婦で質問内容が異なりますから、ある程度の打ち合わせは必要でしょう（アンケートは同じ質問項目です）。

〈2020 年度選考〉

〈面接日〉
- ◆アンケート（面接直前）
- ◆保護者・志願者面接
（考査日前に実施）
※面接官は３名。

〈考査日〉
- ◆ペーパーテスト
- ◆行動観察
- ◆運動テスト
- ◆制作

◇過去の応募状況

2020 年度	女子	301 名
2019 年度	女子	390 名
2018 年度	女子	550 名

入試のチェックポイント

◇受験番号は…「生年月日順」
◇生まれ月の考慮…「あり」

〈本書掲載分以外の過去問題〉

- ◆制作：画用紙にネコの顔を描き、色を塗ってハサミで切り抜く。[2018 年度]
- ◆口頭試問：カードの絵に関連する内容の質問に答える。[2018 年度]
- ◆運動：スキップ、両足跳び、拍手をしながらスキップ。[2018 年度]
- ◆観察：ジャンケンゲーム。体操服やハチマキをたたんでカゴに入れる。[2018 年度]

㊢ 先輩ママたちの声！

◆実際に受験をされた方からのアドバイスです。
是非参考にしてください。

東洋英和女学院小学部

・ペーパーテストの点数だけでなく、「行動観察」「集団遊び」などの様子をしっかりとご覧になるのだと感じました。

・比較的長い「自由遊び」の中で、子どもらしく素直に楽しく遊べることや、お友だちとの関わり方が重視されるようです。戻ってきた子どもは、本当に楽しい試験だったと言っておりました。

・出願書類は不備のないように提出することが大切です。当たり前のことではありますが、ここでミスをしてしまうと合格の対象から外されてしまう可能性もあると思います。

・説明会や運動会では、在校生や保護者の様子などがわかり、参考になります。礼儀正しく、節度ある姿勢に感動しました。

・アンケートの質問内容は父親・母親に同じですが、別々の用紙に別々に記入します。矛盾が生じないように、事前に打ち合わせをしておいた方がよいでしょう。

・行動観察の「自由遊び」はほかの小学校の入試より時間が長くかったようです。

・説明会では「赤毛のアン」関連のお話もありましたが、英語教育や安全面のお話が多かったです。申込みはＷＥＢを通して行います。

東洋英和女学院小学部
過去問題集

〈はじめに〉

現在、少子化が叫ばれているにもかかわらず、私立・国立小学校の入学試験には一定の応募者があります。入試は、ただやみくもに学習するだけでは成果を得ることはできません。志望校の過去における出題傾向を研究・把握した上で、練習を進めていくこと、その上で試験までに志願者の不得意分野を克服していくことが必須条件です。そこで、本問題集は小学校を受験される方々に、志望校の出題傾向をより詳しく知って頂くために、過去に遡り出題頻度の高い問題を結集いたしました。最新のデータを含む精選された過去問題集で実力をお付けください。

また、志望校の選択には弊社発行の「**2021年度版　首都圏・東日本　国立・私立小学校　進学のてびき**」をぜひ参考になさってください。

〈本書ご使用方法〉

◆出題者は出題前に一度問題を通読し、出題内容などを把握した上で、〈 準 備 〉の欄に表記してあるものを用意してから始めてください。
◆お子さまに絵の頁を渡し、出題者が問題文を読む形式で出題してください。問題を読んだ後で、絵の頁を渡す問題もありますのでご注意ください。
◆「**分野**」は、問題の分野を表しています。弊社の問題集の分野に対応していますので、復習の際の目安にお役立てください。
◆問題番号右端のアイコンは、各問題に必要な力を表しています。詳しくは、アドバイス頁（ピンク色の１枚目下部）をご覧ください。
◆一部の描画や工作、常識等の問題については、解答が省略されているものがあります。お子さまの答えが成り立つか、出題者が各自でご判断ください。
◆〈 **時 間** 〉につきましては、目安とお考えください。
◆解答右端の［**○年度**］は、問題の出題年度です。［**2020年度**］は、「2019年の秋から冬にかけて行われた2020年度入学志望者向けの考査で出題された問題」という意味です。
◆**学習のポイント**は、指導の際にご参考にしてください。
◆【**おすすめ問題集**】は各問題の基礎力養成や実力アップにご使用ください。

〈本書ご使用にあたっての注意点〉

◆文中に**この問題の絵は縦に使用してください。**と記載してある問題の絵は縦にしてお使いください。
◆〈 準 備 〉の欄で、クレヨンと表記してある場合は12色程度のものを、画用紙と表記してある場合は白い画用紙をご用意ください。
◆文中に**この問題の絵はありません。**と記載してある問題には絵の頁がありませんので、ご注意ください。なお、問題の絵の右上にある番号が連番でなくても、中央下の頁番号が連番の場合は落丁ではありません。
下記一覧表の●がついている問題は絵がありません。

問題1	問題2	問題3	問題4	問題5	問題6	問題7	問題8	問題9	問題10
					●	●			
問題11	問題12	問題13	問題14	問題15	問題16	問題17	問題18	問題19	問題20
問題21	問題22	問題23	問題24	問題25	問題26	問題27	問題28	問題29	問題30
問題31	問題32	問題33	問題34	問題35	問題36	問題37	問題38	問題39	問題40
				●					

◎学習効果を上げるため、前掲の「家庭学習ガイド」及び「合格のためのアドバイス」をお読みになり、各校が実施する入試の出題傾向を、よく把握した上で問題に取り組んでください。
※冒頭の「本書ご使用方法」「本書ご使用にあたっての注意点」も併せてご覧ください。

2020年度の最新問題

問題1　分野：数量（計数・一対多の対応）

観察　考え

〈準備〉　鉛筆

〈問題〉　①上の絵を見てください。トリがいますが、この後２羽来ました。全部で何羽になりますか。鳥のマークの四角にその数だけ○を書いてください。
②ここいにいるリスの２本の耳と尻尾に花を１輪ずつ飾ります。花は何本余りますか。花のマークの四角にその数だけ○を書いてください。
③ここいにいる６匹のリスがリンゴを２個ずつ食べると、何個足りないですか。リンゴのマークの四角にその数だけ○を書いてください。
④えい子ちゃんのお家のイヌは、耳が立っていて尻尾がくるっと回っていて、黒くて足の先だけ白いイヌです。右下の四角から正しいものを選んで○をつけてください。

〈時間〉　各20秒

〈解答〉　①○：５　②○：１　③○：２　④右から２番目

［2020年度出題］

学習のポイント

①～③は数量の問題ですが、いずれも指示や条件が複雑です。数える、数のたしひきができるということに加えて、指示を理解する能力も求められています。②③は「一対多の対応」という問題ですが、何を聞かれているのかがわからないと、計数ができていても答えられないのです。問題の仕組み自体がわかりにくいようであれば、積み木やおはじきといった具体物を使って説明しましょう。なお、④は、それまでの問題とは関係のない「聞き取り」の問題でしょう。聞きながら当てはまる絵を探してもよいですが、なるべく聞き終わってから探すようにしてください。「聞く」と「探す」を分けた方が混乱しませんし、答えの精度も上がります。

【おすすめ問題集】
Ｊｒ・ウォッチャー14「数える」、42「一対多の対応」

弊社の問題集は、巻頭の注文書のほかに、
ホームページからでもお買い求めいただくことができます。
右のQRコードからご覧ください。
（東洋英和女学院小学部おすすめ問題集のページです。）

問題2　分野：言語（総合）

集中　語彙

〈準備〉　クーピーペン（青）

〈問題〉　**この問題の絵は縦に使用してください。**
上の段を見てください。
①この中で「フォーク」のように、伸ばす音が名前にあるものはどれですか。△をつけてください。
②この中で「バケツ」のように「ばびぶべぼ」の音が名前にあるものはどれですか。×をつけてください。
③この中で「プリン」のように「ぱぴぷぺぽ」の音がが名前にあるものどれですか。○をつけてください。
下の段を見てください。
④この中で「はく」という絵はどれですか。○をつけてください。
⑤この中で「しぼる」という絵はどれですか。◎をつけてください。
⑥この中で「たたむ」という絵はどれですか。×をつけてください。

〈時間〉　各30秒

〈解答〉　下図参照

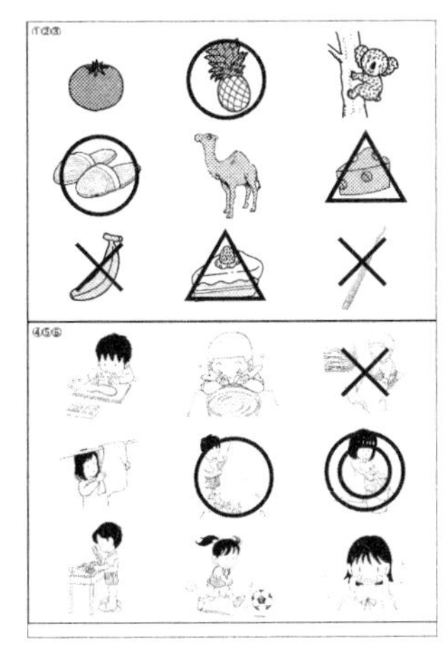

［2020年度出題］

学習のポイント

①～③は言葉の音に関する問題です。「言葉が音の組み合わせでできている」とお子さまがわかっていれば難なく答えられるでしょう。難しい絵もありません。④～⑥は、言葉とそれに当てはまる動作の絵を探すという問題です。最近よく見られる問題ですが、生活の中、しかも家事に関する動作が出題されることが多いようです。「ぞうきんをしぼる」といった動作を見たことがないお子さまが中にはいるかもしれません。もし、そういう動作が絵にあるようでしたら、使われている道具を含めて説明してください。こうした問題で学ぶのもよいですが、実際に体験した方が印象に残りやすいので、できればお子さまにその作業をする機会を設けてください。

【おすすめ問題集】
Ｊｒ・ウォッチャー17「言葉の音遊び」、18「いろいろな言葉」、
60「言葉の音（おん）」

問題3　分野：図形（重ね図形）

考え　観察

〈準備〉　鉛筆・消しゴム

〈問題〉　①②
左の四角の２つの形は透明な紙に描かれています。２つの形を重ねた時、どのように見えるでしょうか。右の四角から正しいものを選んで○をつけてください。
③
左の四角の折り紙を点線で切り、開くとどのようになっているでしょうか。右の四角から正しいものを選んで○をつけてください。

〈時間〉　各20秒

〈解答〉　①真ん中　②左　③真ん中

［2020年度出題］

学習のポイント

①は重ね図形の問題です。単純に形を重ねるだけなので難しい問題ではありません。基本的な考え方は形を重ねると、１.どの線（形）が増えるのか、２.どの線（形）が重なるのかと考えていきます。この時、ピッタリと重なる線（図形）があるかどうかに注意してください。間違えるとすれば、このポイントです。②③は図形の展開の問題です。慣れれば切った後の折り紙を広げるイメージができるのですが、経験がないとスムーズに答えられないかもしれません。折り紙を問題の通りに折り、切り抜いてから広げるという作業をお子さまに行わせてください。その過程でお子さまは、折り紙を開くということはどういうことなのか、切り抜かれた形どのように変化するのかを理解するのです。

【おすすめ問題集】
Ｊｒ・ウォッチャー５「回転・展開」、35「重ね図形」

問題4　分野：推理（系列）

観察　考え

〈準備〉　鉛筆

〈問題〉　あるお約束で、四角形の中に形が並んでいます。太くなっている枠の中にあてはまる形を下の四角の中から選んで○をつけてください。②も同じように答えてください。

〈時間〉　30秒

〈解答〉　①左　②右

家庭学習のコツ①　「先輩ママのアドバイス」を読みましょう！

本書冒頭の「先輩ママのアドバイス」には、実際に試験を経験された方の貴重なお話が掲載されています。対策学習への取り組み方だけでなく、試験場の雰囲気や会場での過ごし方、お子さまの健康管理、家庭学習の方法など、さまざまなことがらについてのアドバイスもあります。先輩ママの体験談、アドバイスに学び、ステップアップを図りましょう！

学習のポイント

系列の問題です。完成させるには、どのような約束でものが並んでいるかを前後（上下左右）のパターンから推理し、空所に入るものを考えなければなりません。まずは約束を見つけることが重要ですが、約束を見つけるためには次の方法を試すとよいでしょう。同じ形や絵を２つ探して別々の指で押さえ、その手の形のままずらすようにして前後させながら、空所に入るものを特定してください。ただし、このやり方だと問題によってはかなり指を器用に動かさないと解答できないことがあります。基礎の段階ではハウツーは有効ですが、少しひねった問題になると混乱する原因にもなります。基本の学習方法（多くの類題にあたって「お約束を考える・発見する」という考え方）で理解した方が次の学習へつながります。

【おすすめ問題集】
Ｊｒ・ウォッチャー６「系列」

問題5　分野：推理（比較）

観察　考え

〈準　備〉　鉛筆

〈問　題〉　絵を見てください。この中で１番長いひもに○、両端をひっぱると結ぶことができるひもに×をつけてください。

〈時　間〉　30秒

〈解　答〉　下図参照

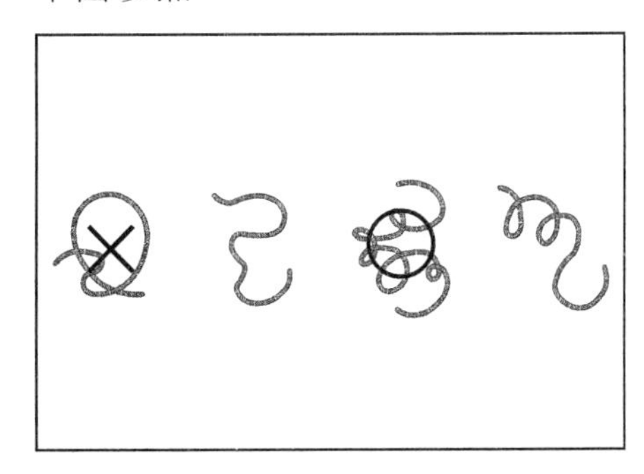

家庭学習のコツ②　「家庭学習ガイド」はママの味方！

問題演習を始める前に、試験の概要をまとめた「家庭学習ガイド（本書カラーページに掲載）」を読みましょう。「家庭学習ガイド」には、応募者数や試験科目の詳細のほか、学習を進める上で重要な情報が掲載されています。それらの情報で入試の傾向をつかみ、学習の方針を立ててから、対策学習を始めてください。

［2020年度出題］

学習のポイント

ひもの長さを比べる問題は当校ででよく出題されますが、ここでは「結べる・結べない」も同時に聞いています。２つはほとんど関係ないので別々に考えましょう。まず、長さの比較についてですが、直感でわかっても必ず理由をつけて答えてください。「カーブの部分が大きい」「巻いている回数が多い」など、なんでも構いませんが、観察して考えることが将来の学習にもつながります。次に「結べる・結べない」についてですが、これは経験的にわかっていればよいことでしょう。ちょうちょ結びなど、ひもの結び方を練習した時に理解すればよいことです。

【おすすめ問題集】

Ｊｒ・ウォッチャー15「比較」、31「推理思考」

問題６　分野：記憶（置き換え）

観察　集中

〈準備〉　鉛筆

〈問題〉　（問題６の絵を渡す）
上の段のマス目にに書いてある○は×に、△は○にして下の段に印を書いてください。ほかの印は書かないでください。

〈時間〉　30秒

〈解答〉　下図参照

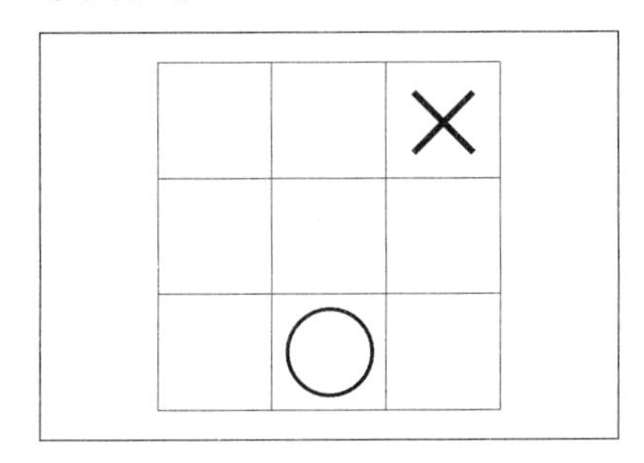

［2020年度出題］

学習のポイント

「置き換え」の問題です。置き換えるという考え方はそれ自体がお子さまには難しいので、見た目よりは難しい問題と言えるでしょう。こういった複雑な問題は一度に答えようとせず、作業を切り分けて答えてください。この問題なら、①はじめに見本を見て、図形の位置と形を覚える　②指示に従って記号に置き換える、と切り分けるのです。とは言えこの解き方もお子さまには難しいでしょうから、最初は上の段の印を見ながら、１つずつ書いていってください。時間が足りなくなっても、焦ることはありません。こういった問題ではまず答える、そしてその作業を確実に行いましょう。

【おすすめ問題集】

Ｊｒ・ウォッチャー20「見る記憶・聴く記憶」、57「置き換え」

問題7　分野：推理（位置の移動）

考え　観察

〈準 備〉　クーピーペン（黒または赤）

〈問 題〉　鐘が１回なると、パンダは２回、サルは３回、○の中を矢印の方向に移動します。鐘が２回鳴ると、２匹はどこに行きますか。その場所にそれぞれ○をつけてください。

〈時 間〉　30秒

〈解 答〉　下図参照

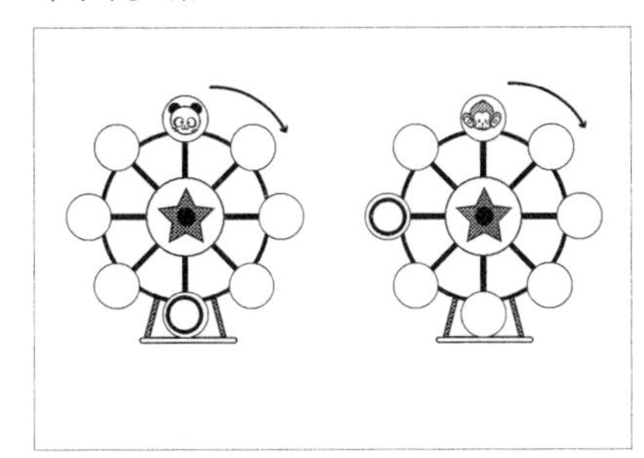

［2020年度出題］

学習のポイント

観覧車の絵が描いてありますが、系列の問題ではなく、単純な位置の移動の問題です。単純な問題ですから、この問題のポイントはとにかく指示を聞き取ることになります。指示にしたがって、移動する○を押さえれば答えは出ます。グリッド（マス目）を移動する位置移動の問題は当校の入試でよく出題されますが、円で行うのはおそらくはじめてでしょう。大切なのはこうした問題を見ても慌てないことです。基礎問題でも、ユニークな切り口で出題するというのは、当校の１つの特色とも言えるので、前述したように指示をよく聞き、理解した上で答えるという姿勢は常に持っておきましょう。

【おすすめ問題集】
Ｊｒ・ウォッチャー47「座標の移動」

家庭学習のコツ③　効果的な学習方法～問題集を通読する

過去問題集を始めるにあたり、いきなり問題に取り組んではいませんか？　それでは本書を有効活用しているとは言えません。まず、保護者の方が、すべてを一通り読み、当校の傾向、ポイント、問題のアドバイスを頭に入れてください。そうすることにより、保護者の方の指導力がアップします。また、日常生活のさまざまなことから、保護者の方自身が「作問」することができるようになっていきます。

問題8　分野：お話の記憶

集中　聞く

〈準備〉　クーピーペン（青）

〈問題〉　**この問題の絵は縦に使用してください。**

今日はクリスマスイブです。ウサ君とウサ子ちゃんは、プレゼントの準備で散らかったサンタクロースのお家に、片付けの手伝いに来ました。片付けをしていると、ウサ子ちゃんは赤いリボンが落ちているのを見つけました。ウサ子ちゃんは最初、頭に付けてみました。しかし、どうも似合いません。今度は左耳に付けてみました。「どうかな？」とくるっと回ってみると、リボンはゆるくてぶらんぶらんしてしまいました。そこで、右耳に付けてみるとぴったり似合いました。ウサ君は「いいなぁ」と、思ってリボンを探しました。すると青いリボンを見つけました。まず、お腹に付けてみましたが、リボンがおへそに見えてかっこ悪かったので外しました。次に足に付けてみました。なかなか似合っていてウサ君は気に入りましたが、ウサ子ちゃんに「首に付けたほうが素敵よ」と言われたので仕方なく首に付けました。いよいよサンタさんが出かける時間が近づいてきました。窓の外を見るとお星さまがいっぱい輝いています。２人は「この後の天気はどうなるのかな」と天気予報を見てみることにしました。すると「もうすぐ雨が降って雷が落ちるでしょう。明日は朝早くに雪が降るでしょう」と言っています。でもサンタさんは「大丈夫、大丈夫」と言ってソリに乗りました。出発する前にプレゼントの届け先のメモを見てみました。「風邪をひいている男の子には暖かいふわふわの帽子、おばあさんにはお花、元気な男の子は本を読むのが好きなので、赤ずぎんや親指姫、一寸法師や金太郎がのっている絵本をあげる」と書いてありました。出発するサンタさんに２人は窓から「ばいばい、いってらっしゃい」と手を振りました。

①ウサ子ちゃんがリボンを付けるのに気に入ったところはどこですか。１番上の段から選んで○をつけてください。
②ウサ君が最初にリボンを付けるのはどこですか。上から２番目の段から選んで○をつけてください。
③サンタさんが出かけた時の天気はどれですか。下から２番目の段から選んで○をつけてください。
④サンタさんが誰に何をプレゼントしますか。正しいものを下から２番目の段から選んで○をつけてください。
⑤元気な男の子にあげた絵本の中になかったお話はどれですか。１番下の段から選んで○をつけてください。

〈時間〉　①②③⑤各15秒　④30秒

〈解答〉　下図参照

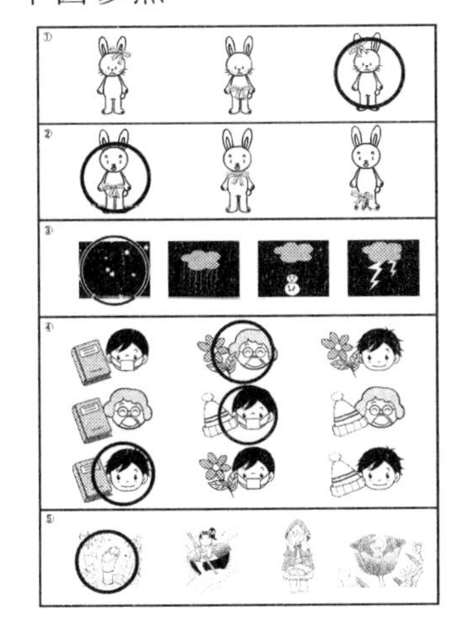

［2020年度出題］

過去にはもう少し長いお話も出題されたようですが、最近は500～600字程度という形に落ち着いてきました。質問数は4～5問で、お話の流れに沿った質問と常識などについて聞く質問が入り交じる形になっています。ただし、お話と関係のない質問で聞かれるのは、基礎的な知識で、ある程度学習を進めているお子さまなら答えられるものです。特別な対策が必要なものではありません。内容は年によって変わり、同年代のお子さまの日常の話もあれば、この問題のお話のようにファンタジーに近いものもあります。注意すべきなのは、ものや人の登場する順番や色や形など、細かな点についての質問でしょう。④のような問題です。自然に覚えられるお子さまは別ですが、「誰が」「誰に」「何を」「どうやって」という部分は注意して聞いてください。

【おすすめ問題集】

1話5分の読み聞かせお話集①②、1話7分の読み聞かせお話集入試実践編①、
お話の記憶 初級編・中級編・上級編、Jr・ウォッチャー19「お話の記憶」

問題9　分野：面接

聞く　話す

〈準備〉　なし

〈問題〉　**この問題の絵はありません。**

質問に答えてください。

【志願者へ】
- お名前を教えてください。
- お家での遊びの中で、好きなことは何ですか。

【保護者へ】
- ふだん、お子さまと何をして遊びますか。
- 幼稚園、保育園の行事で思い出に残っていることを教えてください。
- お子さまの将来の夢は何ですか。
- お子さまが、お父さまに似ているところはどこですか。
- お子さまは、嫌いな食べ物が出てきた時に、どうしますか。
- どんな時に、お子さまの目が輝きますか。
- 家族での外食は、週何回くらいとっていますか。
- 女子教育で大切なことは何だと思いますか。
- 学生時代の思い出をお話しください。

〈時間〉　10分程度

［2020年度出題］

学習のポイント

面接は考査日の前に行なわれます。面接の直前にはアンケート記入を行いますが、面接ではアンケートをもとにした質問もあるようなので、事実と異なるような記述はしない方がよいでしょう。面接時間は10分程度で、親子３人と試験官３名が出席して行われます。質問内容は例年、大きく変わりません。「女子教育に必要なことは何か」「キリスト教を背景とした人格教育についてどのように思うか」といった保護者同士のコンセンサスが必要な質問については準備しておきましょう。面接中も張りつめた感じはなく、終始、和やかに行なわれますが、唯一「併願」に関してはかなり神経を尖らせているようです。「御校が第一志望です」と繰り返しておけば、それほどしつこくは聞かれません。間違っても「併願校の１つ」といった印象を持たれないようにしてください。

【おすすめ問題集】

新 小学校受験の入試面接Ｑ＆Ａ、面接テスト問題集、面接最強マニュアル
新口頭試問・個別テスト問題集

家庭学習のコツ④　効果的な学習方法～お子さまの今の実力を知る

１年分の問題を解き終えた後、「家庭学習ガイド」に掲載されているレーダーチャートを参考に、目標への到達度をはかってみましょう。また、あわせてお子さまの得意・不得意の見きわめも行ってください。苦手な分野の対策にあたっては、お子さまに無理をさせず、理解度に合わせて学習するとよいでしょう。

問題10　分野：複合（数量・図形・推理）

観察　考え

〈準 備〉　鉛筆

〈問 題〉　**問題10-2の絵は縦に使ってください。**

（問題10－2の絵を渡し、問題10－1の絵を見せる）

絵を見てください。

①チューリップ1本にチョウチョ1匹がとまると、チューリップは何本あまりますか。その数だけ1番上の段に○を書いてください。

②チョウチョが3匹います。そこにまた3匹チョウチョがやってきて、2匹が飛んでいってしまいました。今チョウチョは何匹いますか。その数だけ、上から2番目の段に○を書いてください。

③ここにあるクリを4匹で分けるとあまりはいくつになりますか。その数だけ、上から3番目の段に○を書いてください。

④上から4番目の段を見てください。左の四角のケーキを線のところで切ると、切った形はどのように見えますか。右の四角から正しいものを選んで○をつけてください。

⑤ジュースを1番飲んでいるのは誰ですか。下から2番目の段から選んで○をつけてください。

⑥ウサギから見ると、お皿やコップはどのように見えますか1番下の段から選んで○をつけてください。

〈時 間〉　各30秒

〈解 答〉　下図参照

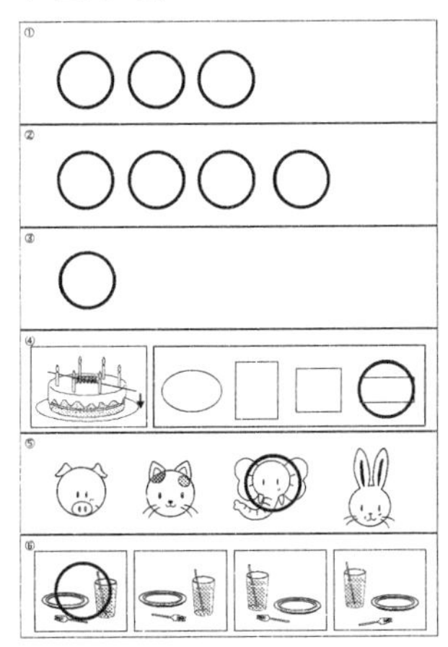

［2019年度出題］

学習のポイント

当校入試には、１問中にいくつかの分野から出題される小問が集められた「総合問題」と言ってもよい出題があります。本問もその１つで、①～③は数量、④は図形・推理、⑤推理（比較）、⑥図形という多分野からの出題となっています。それぞれの内容は基礎的なもので、特に対策が必要なものはありません。むしろ、この問題で必要なのは「頭の切り替え」でしょう。ふだんの学習や模擬試験などではこうした多分野からの出題という問題はありませんから、最初の１問が数量なら次も数量の問題と思い込んでしまい、違う分野の問題だと指示の途中で気付いてもうまく対応できない、ということを避けるためです。頭の切り替えをスムーズに行うための練習は２通りあります。１つはこのような総合問題をいくつか問いて「慣れる」ことですが、当校以外でこういった出題が少ないので意外と難しいことかもしれません。もう１つは、「次の問題も同じ分野だという先入観を持たないこと」です。言い換えれば、前の問題を引きずらず、眼の前にある問題に集中するということです。こちらは気持ちの持ち方の話ですから、即効性が期待できます。

【おすすめ問題集】

Ｊｒ・ウォッチャー10「四方からの観察」、15「比較」、42「一対多の対応」、45「図形分割」

問題11　分野：常識（理科）

知識

〈準備〉　鉛筆

〈問題〉　①上の段を見てください。左の四角に描いてあるもの縦に切るとどのようになりますか。正しいものを右の四角から選んで○をつけてください。
②下の段を見てください。左の四角に描いてあるものと同じ季節のものはどれですか。正しいものを右の四角から選んで○をつけてください。

〈時間〉　各20秒

〈解答〉　①右端　②左から２番目

［2019年度出題］

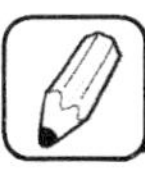

学習のポイント

当校の常識問題は基礎的な知識を聞くものが多いようです。理科、マナー、季節と切り口は毎年変わっていますが、年齢なりの常識があれば自然に答えられるはずです。勘違いなどで間違えることがないようにしておきましょう。年齢なりの常識で答えられるということは、理科の一部の知識（生活環境であまり見ない動植物の知識など）を除けば、すべて生活の中で得られる知識を聞かれるということです。過去問などで出題例を見ておくといった最低限の対策は必要ですが、基本は毎日の暮らしの中で好奇心を持って物事を観察し、保護者がそれについて解説すれば対策として事足りているとも言えます。知識を問う問題の多くは、知識のありなしとともに、その背景となっている知的好奇心と学習意欲を測るものでしょう。保護者の方は、お子さまのそうした知的好奇心や学習意欲をくじかないように心がけましょう。

【おすすめ問題集】

Ｊｒ・ウォッチャー27「理科」、34「季節」、55「理科②」

問題12　分野：記憶（聞き取り）

聞く　集中

〈準備〉　鉛筆

〈問題〉　①今から言う順番で果物が置いてあります。
「ブドウ・リンゴ・イチゴ・バナナ・サクランボ」
この順番を覚えてください。
（問題12のイラストを渡して）
上の段を見てください。バナナの隣にあったのはどの果物ですか。選んで○つけてください。
②あみちゃんは今から言うものをカバンに入れて学校に行きます。
「帽子・ズボン・水筒・靴下・シャツ」
下の段を見てください。あみちゃんがカバンにいれなかったものを選んで×をつけてください。

〈時間〉　適宜

〈解答〉　①○：イチゴ、サクランボ　②×：歯ブラシ、スカート、タオル

［2019年度出題］

学習のポイント

①は５つのものについて順序を含めて覚える問題です。回答の絵の並びに引きずられて混乱しないようにしてください。②も５つのものを記憶する問題ですが、こちらは順序ではなく、カバンに「入れなかった」ものを選ぶという問題となっています。一応ひっかけですが、よくあるパターンです。落ち着いて答えればあまり間違えないでしょう。この２つの問題は、あまり現在の小学校受験では見ない、記憶する能力だけを観るシンプルな問題です。能力だけを観る問題ならば、ハウツーを使って構いません。例えば①なら、５つの言葉の頭の音を「ブ・リ・イ・バ・サ」と覚えれていれば、記憶しやすい上に間違いも少ないでしょう。私見ですが、こういった思考力を観点としていない、将来の学力とのつながりもあまり見えない問題には、正面から取り組む必要はないのではないでしょうか。

【おすすめ問題集】
新口頭試問・個別テスト問題集、１話５分の読み聞かせお話集①②、
Ｊｒ・ウォッチャー19「お話の記憶」

問題13　分野：記憶（お話の記憶）

集中　聞く

〈準備〉　鉛筆（赤）

〈問題〉　**この問題の絵は縦に使用してください。**
お話を聞いてあとの質問に答えてください。
ウサギさんは、おじいさんが入院している病院へ行くことになりました。お見舞いの品物として、スリッパを買っていこうと思います。ウサギさんはお家を出て、近くの靴屋さんに行きましたが、スリッパは売っていませんでした。ウサギさんはいったんお家へ帰り、何かほかのものを買おうと考えました。もう一度、家を出たウサギさんは、今度は果物屋さんでメロン１個とミカン５個を買いました。お店を出てまっすぐ歩いていると原っぱがありました。お花がたくさん咲いていたので３本摘んで、それもおじいさんにあげることにしました。たくさん歩いて疲れてしまったウサギさんは、バスで病院まで行くことにしました。病院まで近道のコースを走るドングリマークのバスに乗りたかったのですが、ぐねぐねとした遠回りのコースを走る、モミジマークのバスが先に目の前のバス停に来ました。ウサギさんは仕方なくモミジバスに乗って、病院の近くのバス停まで行きました。バスから降りて病院まで行くと、病院のすぐ前にパン屋さんがあったので、ウサギさんはそこでパンを買い、おじいさんのいる部屋に向かいました。

（問題13の絵を渡す）
①１番上の段を見てください。ウサギさんが買わなかったものはどれですか。○をつけてください。
②上から２番目の段を見てください。ウサギさんが乗ったバスのマークはどれですか。○をつけてください。
③下から２番目の段を見てください。おじいさんの部屋は、３階の、病院を正面から見て右から２番目にあります。おじいさんの部屋はどこですか。
④１番下の段を見てください。おじいさんのいる病院はどれですか。○をつけてください。

〈時間〉　各30秒

〈解答〉　下図参照

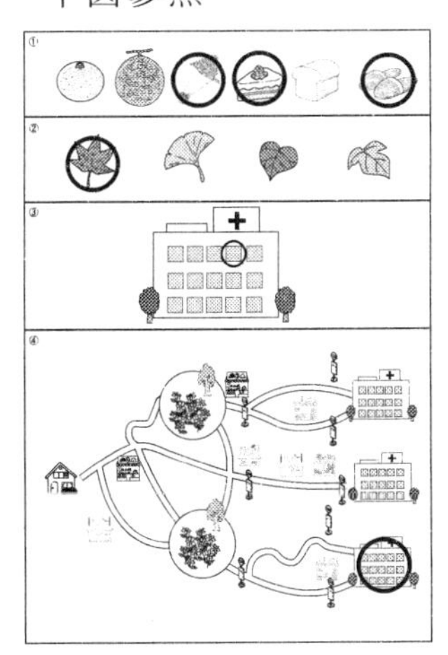

［2019年度出題］

当校入試で、お話の記憶は毎年出題されるわけではありません。記憶能力を観点とした問題という意味では、前問の「聞き取り」と観点が重なる部分があるからでしょう。出題された場合、お話の記憶の問題で話されるお話は、本問のようにシンプルで短めなものが多いようです。小学校受験の記憶問題にありがちな、志願者を混乱させるようなストーリーでも、お話の登場人物が多いわけでもありません。他校の難問に挑戦している志願者には、少々物足りない問題でしょう。確実に正解しておきたいところです。なお、入試全体も出題方式がひねってあるものがいくつかありますが、内容自体は基礎的なものです。保護者の方は、これを念頭に置いて指導してください。つまり、テストの平均点は高くなると思われますから、答えが正解ならそれでよいということではなく、時間内に答え、余裕を持って見直しができる程度の学力を身に付けるべき、ということです。

【おすすめ問題集】
1話5分の読み聞かせお話集①・②、1話7分の読み聞かせお話集入試実践編①
お話の記憶 初級編・中級編・上級編、Jr・ウォッチャー19「お話の記憶」

問題14 分野：推理（系列）

集中 観察

〈準 備〉 鉛筆

〈問 題〉 あるお約束にしたがって動物が並んでいます。空いている四角でキリンが入るところに○をつけてください。

〈時 間〉 1分

〈解 答〉 下図参照

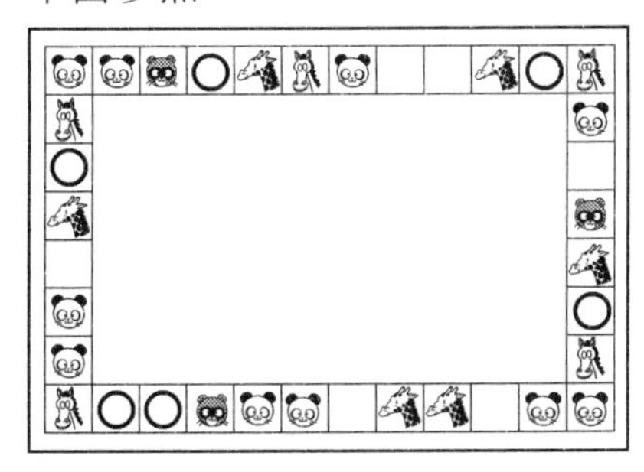

［2019年度出題］

学習のポイント

系列の問題は、記号・絵が並んでいる「法則」を見つける問題です。系列の問題は一度混乱してしまうと解答時間内に答えることが難しくなるので、「系列の問題は、このように考える」と自分なりの方法をあらかじめ決めておくのがよいでしょう。時間内に「法則」を見つけるなら、①「同じ記号・絵が～マス間隔で登場するか」を見る。②着目した絵の前後の配列から「法則」を予測する。③回答したあとで「法則」と矛盾がないかを確かめる。というのがオーソドックスな方法です。たいていの場合、3つか4つの記号・絵が同じ並びになっていることはさほど考えなくても自然とわかるはずです。なお、指を使ったり、印を付けたりといったハウツーがありますが、導入時や解答を確かめるならともかく、将来の学力につながるものではありません。使うこと自体はルール違反ではありませんが、仕組みを知ってからの方がよいでしょう。

【おすすめ問題集】
　Ｊｒ・ウォッチャー６「系列」

問題15　分野：図形（回転図形）

集中　観察

〈準備〉　鉛筆

〈問題〉　左の絵を何回転してもできない形を、右の四角から選んで○をつけてください。下の段も同じように答えてください。

〈時間〉　各15秒

〈解答〉　①左から２番目　②右から２番目

［2019年度出題］

学習のポイント

見本の図形を、回転させてもできない図形を探す問題です。「できない図形を探す」というひねった問い方をしているので、まずその点に注意してください。こうした図形を回転させる問題では、目印となる形（左上の形や目立つ形）に注目し、その図形がどこへ移動するかと考えるとわかりやすくなります。この問題の場合は①②ともに、見本に書かれている「△」に注目するとよいでしょう。「△」は回転させると位置だけではなく、図形の向きも変わるので、チェックしやすいからです。ただし、これはお子さまが図形が回転した後どうなるかがイメージできれば、の話です。イメージできないようであれば、問題の絵と同じ図形を用意して、お子さまの手で回転させながら図形の変化を確認させてください。実際に手で動かせる具体物があると、さらに理解しやすくなります。

【おすすめ問題集】
　Ｊｒ・ウォッチャー46「回転図形」

問題16　分野：複合（言語・常識）

聞く　知識

〈準備〉　鉛筆

〈問題〉　**この問題の絵は縦に使用してください。**
（問題16の絵を渡して）
①上の段を見てください。この中で「ニンニク」のように同じ音が２回ある言葉を選んで○をつけてください。
②この中で、冬によく食べる野菜はどれですか。△をつけてください。
③下の段を見てください。この中で「モモ」のように同じ音を繰り返す言葉を選んで○をつけてください。
④この中で「がぎぐげご」の音がある言葉はどれですか。△をつけてください。

〈時間〉　各15秒

〈解答〉　下図参照

［2019年度出題］

学習のポイント

小学校受験における言語分野の問題には、さまざまな言葉を音の集まりとしてとらえ、そこに注目して答える問題があります。「言葉を音の集まりと考える」ということ自体に慣れていない場合は、言葉が音の集まりであることを理解するために、音を区切って声に出したり、「イチゴ・イカ・イノシシ」と、先頭の音が同じ言葉を集めてみたりして、言葉の音を意識させていくとよいでしょう。小学校受験では最近よく出題される問題の１つですから、対策は確実に行っておいてください。③④は言語というより常識の問題です。意外と盲点と思われているからでしょう。顔や身体の名称を聞く問題は時折出題されます。一度学習して覚えてしまえば、後は確認程度でかまいません。こういった出題があるという知識を持っておけば充分でしょう。

【おすすめ問題集】
Ｊｒ・ウォッチャー17「言葉の音遊び」、18「いろいろな言葉」、
60「言葉の音（おん）」

問題17　分野：巧緻性（運筆）

聞く　集中

〈準 備〉　クーピーペン、鉛筆

〈問 題〉　（問題17のイラストを渡して）
①カタツムリが右下の☆まで行きます。★から☆まで、線にぶつからないように鉛筆で線を引いてください。線を引き終わったら、右上の四角に描いてあるものと同じ形をその下の四角に描いてください。
②クーピーペンでカタツムリと葉っぱに色を塗ってください。
③終わったら周りの空いているところに、カタツムリ以外で好きなものを描いてください。

〈時 間〉　３分

〈解 答〉　省略

［2019年度出題］

学習のポイント

①②は運筆の問題です。曲線を引くという課題ですが、ここでは主に、筆記用具が正しく使えているかをチェックしています。常識的に線が引けていればそれ以上にでき上がりを気にすることはありません。当校の入試では解答にクーピーペン、または鉛筆を使いますが、正しく握っていないと滑らかに線が引けなくなります。それが疑われるような結果でなければよい、といった認識で保護者の方もお子さまの引いた線を見てください。正しい持ち方をしていなければ矯正するように指導し、正しい持ち方をしていてもうまく線が引けていない場合は、筆の運び方を教えてください。③は想像画です。自由に絵を描いて構いませんが、指示を守るようにしてください。ここでも余程ひどいものでなければ、絵の出来は評価に関係ありません。

【おすすめ問題集】
　Ｊｒ・ウォッチャー22「想像画」、23「切る・貼る・塗る」、24「絵画」、
　51「運筆①」、52「運筆②」

問題18　分野：聞く記憶

聞く　集中

〈準備〉　鉛筆

〈問題〉　これからするお話をよく聞いて、あとの質問に答えてください。
花子さんは、お母さんと一緒に八百屋さんへ行きました。八百屋さんには、トマト、ピーマン、ナス、ブドウが並べられていました。

①花子さんが八百屋さんで見たものすべてに、○をつけてください。

はじめくんは、お父さんとお母さんと一緒に、動物園へ行きました。最初にキリンを見て、次にゾウを見ました。そのあと、ライオン、クマ、シマウマの順に動物を見ました。

②はじめくんが見なかった動物はどれですか。選んで×をつけてください。
③はじめくんが3番目に見た動物に○を、4番目に見た動物に△を、それぞれつけてください。

〈時間〉　各15秒

〈解答〉　下図参照

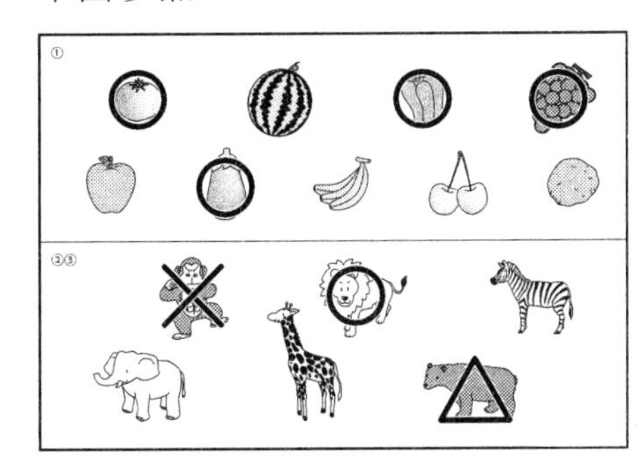

［2018年度出題］

学習のポイント

お話を聞き取って質問に答える問題です。お話の1場面を切り取っただけの短いものなので、イメージを思い浮かべることは、それほど難しくありません。お話の中で出てきたものの名前と、その順番を把握することに集中して取り組んでください。当校の入試では、それほど難しい問題は出題されていません。そのため入試対策としては、さまざまな分野の問題を、正確に、素早く解く力を身に付けることが大切です。ふだんの練習の際には、指示を1度で聞き取ることと、答えが見つかったら、その場ですぐに確認をすることの2点を、意識的に進めていくとよいでしょう。

【おすすめ問題集】
Jr・ウォッチャー20「見る記憶・聴く記憶」

問題19　分野：数量（計数）

聞く　考え

〈準 備〉　鉛筆

〈問 題〉　（問題19の絵を渡して）
お庭にさまざまな生きものたちが、集まってきました。
①カメには足が４本あります。ここにいるカメの足の数をあわせると、何本になりますか。その数だけ、下の四角に○を描いてください。
②リスが３個ずつドングリを食べると、ドングリはいくつ足りないですか。その数だけ、下の四角に○を書いてください。
③池にカエルが、絵の数だけいます。そこにカエルが３匹やって来て、２匹どこかへ行ってしまいました。今、池にカエルは何匹いますか。その数だけ、下の四角に○を書いてください。
④お花が何本か咲いていました。後から４本のお花が咲いて、絵の数になりました。最初にお花は何本咲いていましたか。その数だけ、下の四角に○を書いてください。

〈時 間〉　各15秒

〈解 答〉　①○：８　②○：２　③○：４　④○：５

［2018年度出題］

学習のポイント

１枚の絵を見ながら、そこに描かれたものの数を答える問題です。当校で例年出題される、数量分野の問題ですが、不規則に散らばったものの中から、指定されたものの数量を数える集中力が必要な問題と言えるでしょう。10を超える数は扱われていないので、素早さと正確さを伸ばすことがポイントになります。また、４つの小問で、それぞれ異なる指示があるので、数をたす、ひく、分けるなど、さまざまな計算ができるように、幅広く練習を進めておくとよいでしょう。本問への対策としては、３～10個程度の２種類のおはじきを撒き、それを素早く数える練習が効果的です。試験が近くなったら、数えた後に簡単な計算を加えると、よりテストに役立つものになります。

【おすすめ問題集】
Ｊｒ・ウォッチャー37「選んで数える」、38「たし算・ひき１」、
39「たし算・ひき算２」、40「数を分ける」、43「数のやりとり」

問題20　分野：推理（系列）

考え

〈準 備〉　鉛筆

〈問 題〉　絵を見てください。あるお約束で、さまざまな形が並んでいます。太い四角の中に入る形を、下から選んで○をつけてください。

〈時 間〉　各20秒

〈解 答〉　①真ん中　②左端

［2018年度出題］

系列の問題は、記号がどのようなお約束で並んでいるのかを見つけることが基本です。しかし、本問では、系列の一部が見えないため、お約束を見つけることが難しくなっています。そのような場合、空欄の左右の絵や記号をよく見て、お約束を見つけます。例えば①では、空欄の左隣にはリンゴが、空欄の右隣にはバナナがあります。そこから、空欄の果物は、リンゴの右隣でバナナの左隣となります。この考えをもとに、リンゴとバナナの左右を見ていくと、空欄にはイチゴが入ることがわかります。そして、お約束は「サクランボ→モモ→リンゴ→イチゴ→バナナ」であることもわかります。②でも同様に、矢印の向きを確認していくと、お約束が見つかります。本問は、ややテクニックに頼った解き方が必要でしたが、テクニックを使う前に、お約束を見つける基本的な考え方を身に付けるように練習を進めてください。

【おすすめ問題集】
Ｊｒ・ウォッチャー６「系列」

問題21 分野：図形（立体の構成）

観察 考え

〈準備〉 鉛筆

〈問題〉 左の形を作るには、右の四角の中のどれとどれを選べばよいですか。当てはまるもの２つ選んで、○をつけてください。

〈時間〉 各１分

〈解答〉 下図参照

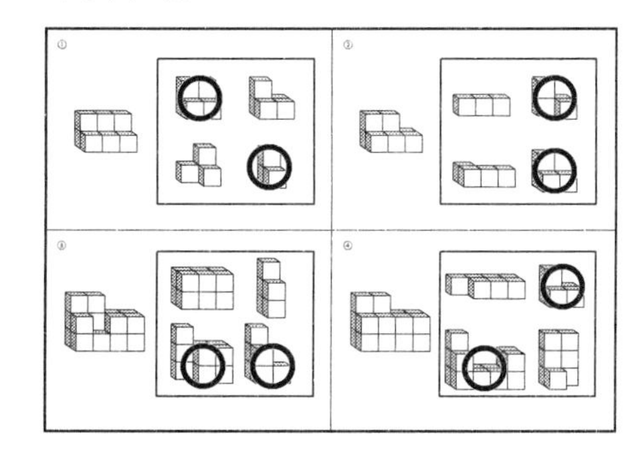

［2018年度出題］

学習のポイント

立体図形で構成を考える問題です。全体を部分の集まりとして考える目配りが要求されています。解答の形を作る選択肢の「部品」が、それぞれお手本のどこに当てはまるのか、ていねいに確認してください。しかし、立体の場合は、横幅、高さ、奥行の３方向から考えなければいけません。視点が増えて混乱してしまわないように、常に左の積み木から見ていくことを心がけましょう。ふだんの練習では、平面に描かれた積み木の絵を見て、実際に積み木が置かれているところが理解できることを目標に、平面図と積み木を見比べたり、平面図通りに積み木を置いたりするとよいでしょう。その過程で、下段奥の積み木のように、絵では見えにくいところの積み木へも、意識が向くようになります。

【おすすめ問題集】
Ｊｒ・ウォッチャー45「図形分割」、54「図形の構成」

問題22　分野：推理（立体の切り口）

観察　考え

〈準備〉　鉛筆

〈問題〉　左の立体を線のところで２つに切ると、切り口はどのような形になりますか。右から選んで○をつけてください。

〈時間〉　各15秒

〈解答〉　①左から２番目　②左から２番目　③右端　④右から２番目

[2018年度出題]

学習のポイント

立体を切った時の断面を答える問題です。平面に描かれた立体を把握する力と、その断面を推測する力が求められている、難しい問題です。立体を水平（または垂直）に切ると、断面は立体の底面（または側面）と同じ形になります。また、立体を斜めに切ると、平面に切った時よりも伸びた形になります。立体の断面を理解するには、粘土や練り消しなどを実際に切ってみて、断面を観察させるのが１番です。初めは切断面の観察をして、立体の形と切り口の違いを理解させてください。慣れてきたら、切った時の形を推測し、それを確認するようにするとよいでしょう。経験が理解につながるように、そして理解が考えにつながるように、楽しく取り組んでください。

【おすすめ問題集】
Ｊｒ・ウォッチャー５「回転・展開」、54「図形の構成」

問題23　分野：図形（展開）

考え

〈準備〉　鉛筆

〈問題〉　左端の２つに折ってある折り紙の○のところに穴をあけてから開くと、どのような形になりますか。右の四角の中から選んで○をつけてください。

〈時間〉　各15秒

〈解答〉　①右端　②右から２番目　③左から２番目　④右から２番目

［2018年度出題］

学習のポイント

展開の問題では、紙を開いた時の形と、紙を開く前の形の関係を理解することが必要です。例えば、左のお手本の形を２枚用意して並べます。次に片方の紙を反転させてから、折り目のところでピッタリ合わせると、紙を開いた時の形と一致します。この関係がつかめると、以降の問題は比較的簡単に解けるようになります。そのためには、経験を通した理解をすることが効果的です。展開したときにどのような形になるかを絵に描き、次に実際に紙を開いとき、予想通りの形になった（あるいはならなかった）経験が理解につながっていきます。もし難しいようでしたら、まずは、紙を開く前と開いた後の形を観察することから、少しずつ取り組んでみましょう。

【おすすめ問題集】
　Ｊｒ・ウォッチャー５「回転・展開」

問題24　分野：常識（昔話）

知識

〈準備〉　鉛筆

〈問題〉　**この問題の絵は縦に使用してください。**
４つの絵の中から、同じ昔話の絵を２つ選び、その絵に○を書いてください。

〈時間〉　各20秒

〈解答〉　下図参照

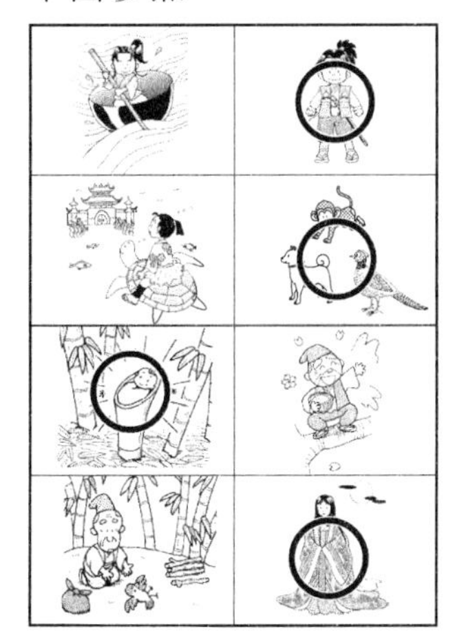

［2018年度出題］

学習のポイント

昔話の絵を組み合わせる問題です。昔話は、絵本、読み聞かせ、映像など、さまざまな形で接する機会があります。知っておくべき有名な話が多いので、できるだけ多くのお話に触れるようにしてください。昔話の中には、同じお話ながら細かい部分が変わっているものもあります。しかし試験問題には影響しないものがほとんどなので、基本的な筋に沿って読み進め、有名な場面や重要な人物、道具を押さえておくとよいでしょう。ただし、日本の昔話は、生活の中で学ぶべきものです。試験対策にこだわらず、親子間のコミュニケーションをはかるためにも、お話の読み聞かせを通して学ぶようにしてください。

【おすすめ問題集】
　1話5分の読み聞かせお話集①②

問題25　分野：推理（系列）　　考え

〈準 備〉　鉛筆

〈問 題〉　動物の顔が描かれた石をつないだ輪があります。この輪を図のようにハサミで切って、1本のヒモにしました。この時、ネコの石があるところを黒で塗ってください。

〈時 間〉　各20秒

〈解 答〉　下図参照

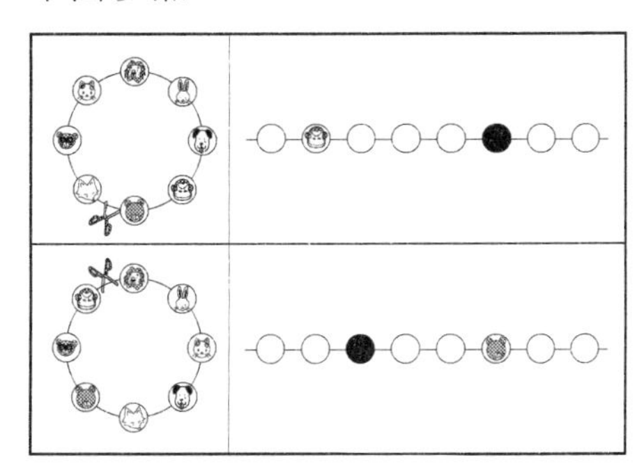

［2018年度出題］

学習のポイント

輪になった形を切り、その順番を考える問題です。系列を考える際の起点となる部分を見つける力、つまり、着眼力が問われています。問題の①場合、ハサミの位置に注目すると、1本のヒモにした時の左端はキツネかクマになります。そして左から2番目にゴリラの顔があるので、左端はクマとわかります。後は左から順に、クマ→ゴリラ→イヌ…とネコまで数えていけば答えが見つかります。練習に取り組む際にも、問題の特徴的な部分に注目し、そこから考えていくことを大切にしてください。推理分野の問題では、注目したところ、考え方、結果の答えの3点を区別して、それぞれに適切な評価をすることが、お子さまの自信につながります。まずは、「いいところに眼をつけたね」と褒めることから始めてみましょう。

【おすすめ問題集】
　Jr・ウォッチャー6「系列」、31「推理思考」、50「観覧車」

問題26　分野：数量（計数・数を分ける）

観察　考え

〈準備〉　鉛筆

〈問題〉　①上の絵を見てください。１枚のお皿にケーキを２つずつ載せていくと、ケーキはいくつ余りますか。その数だけ、右の四角に○を書いてください。
②下の絵を見てください。イチゴを４人のお友だちで分けると、１人いくつもらえますか。その数だけ、右の四角に○を書いてください。

〈時間〉　各１分

〈解答〉　①○：３　②○：３

[2017年度出題]

学習のポイント

この問題は「数を分ける」問題で、この種の問題では１対１の対応が基本になります。この問題ではケーキとお皿の対応が２対１で、これはこの１対１の対応の応用となります。と、このよう言葉で説明すると複雑に聞こえますが、実際の問題を解いていただければわかるように、それほど複雑な操作をするわけではありません。わかりにくいようであれば積み木やおはじきといった具体物を使って説明すると理解しやすくなります。当校入試の数量分野の出題はほとんど10以内の数を操作する基本的な問題です。登場するものにまどわされることなく落ち着いて対応しましょう。

【おすすめ問題集】
Ｊｒ・ウォッチャー14「数える」、40「数を分ける」、42「一対多の対応」

問題27　分野：常識

聞く　知識

〈準備〉　鉛筆
※問題27の左のイラストをあらかじめ指定された色で塗っておく。

〈問題〉　左の四角の２つの色を混ぜあわせるとどんな色になるでしょう。その色と同じ色の果物を右側の四角から選んで○をつけてください。

〈時間〉　各15秒

〈解答〉　①モモ　②ブドウ

[2017年度出題]

学習のポイント

あまり例のない出題で、色の知識を聞いています。２つの色を混ぜ合わせると何色になるのかというのは推測して答えられるものではありません。絵の具を使って絵を描いた経験がないと答えるのは難しいでしょう。では、絵の具を使って絵を描いておけば対策は万全なのかというと、それほど単純な話ではありません。保護者の方には、この問題は色の知識の有無を観点としているわけではなく、年齢相応の体験を積んでいるかを問う問題だと認識していただきたいと思います。当校の常識分野の問題は、生活常識、理科的常識、マナーなどは広い範囲から出題されています。しかも、イラストを見せて「これは何ですか」といった単純な形式の問題ではなく、その性質をヒントとして推測するような問題が多いようです。これは学校が机上の学習だけではなく、体験を重要視しているという姿勢の表れでしょう。

【おすすめ問題集】

Ｊｒ・ウォッチャー11「いろいろな仲間」、27「理科」、55「理科②」

問題28　分野：言語　語彙

〈準　備〉　鉛筆

〈問　題〉　それぞれの段の左の絵と、左から２番目の絵の言葉の前から３番目の音が、２つとも入っている言葉を右の四角から探して○をつけてください。

〈時　間〉　２分

〈解　答〉　①カサ　②飛行機　③キツツキ　④トマト

［2017年度出題］

学習のポイント

「言語」の問題では、しりとりをはじめ、同じ音で始まる言葉、同じ音で終わる言葉、同じ音を含む言葉などがよく出題されます。言葉は、ものごとを理解し、考え、表現するための大切な道具です。ふだんの生活の中において、多くの言葉に触れ、語彙を増やしていきましょう。新しい言葉を覚える際には、それが何を表すかだけでなく、正しい音についても教えてあげてください。「カエル」なら「カ・エ・ル」と、保護者の方が指折り数えながらはっきり発音するようにすると、お子さまも音や音数（文字数）を意識しやすいでしょう。なお④は、問題に「音が２つとも入っている」とありますので、「トマト」を正解にしています。

【おすすめ問題集】

Ｊｒ・ウォッチャー17「言葉の音遊び」、18「いろいろな言葉」、
60「言葉の音（おん）」

問題29　分野：図形（展開）

考え　観察

〈準備〉　鉛筆

〈問題〉　折った紙の点線のところをハサミで切って広げた時、どんな形になると思いますか。それぞれ正しいと思うものに○をつけてください。

〈時間〉　各20秒

〈解答〉　①右から２番目　②左から２番目　③右端

［2017年度出題］

学習のポイント

この種の問題は、なんとなくで答えても正解できません。ここがこうだからと理論的に考える必要があります。わからない場合は、実際に紙を切ってどうなるかを見ましょう。さまざまな切り方で、四角に切れるもの、三角に切れるものなど、なぜそうなるのかお子さまといっしょに考えいくうちに、頭のなかに展開した絵が思い浮かぶようになります。

【おすすめ問題集】
Ｊｒ・ウォッチャー５「回転・展開」

問題30　分野：図形（構成）

観察　考え

〈準備〉　鉛筆

〈問題〉　お手本を作るのに使っている３つの形を使って、別の形を作ります。右の４つの中から、できないものを探して×をつけてください。

〈時間〉　１分

〈解答〉　①右から２番目　②左端

［2017年度出題］

学習のポイント

このような図形の問題は、慣れないうちは、紙を切るなどして同じ形を作って練習するようにしてください。ふだんの遊びの中にパズルや折り紙などを取り入れ、楽しみながら図形の理解を深め、感覚をつかんでいきましょう。そうすることにより、図形を回転させたり、裏返したり、組み合わせたり、重ねたりといった操作が、イメージの中で行えるようになっていきます。なお、本問では特に図形の操作についての制限は設けられていませんが、問題によっては、「裏返すこと」「回転させること」などを禁じる場合もあります。さまざまな条件にも柔軟に対応できるように、練習を重ねていってください。同種の問題として、「見本の形を作るのに使うものをすべて選ぶ」「見本の形を作るのに使わないものを選ぶ」などの出題形式も見られます。さまざまな問題にあたり、対応できるようにしておくとよいでしょう。

【おすすめ問題集】
Ｊｒ・ウォッチャー４「同図形探し」、９「合成」、54「図形の構成」

問題31　分野：図形（回転図形）

考え　観察

〈準備〉　鉛筆

〈問題〉　**この問題の絵は縦に使用してください。**
見本の形を矢印の方向に１回コトンと倒したらどの形になりますか。
右の４つの中から選んで○をつけてください。

〈時間〉　各20秒

〈解答〉　①左から２番目　②右端　③右から２番目　④左端　⑤左端

［2017年度出題］

学習のポイント

この問題で大切なのは、どのように変わったのかを把握することです。向きが変わるのか変わらないのか、回転するとどういう変化があるのかをしっかりと理解できるようにしてください。このような図形の問題ではペーパー上でルールを覚えるのではなく、実際にトレーシングペーパーや折り紙などを用いて考えると理解が深まります。本問は比較的やさしい問題です。こういった問題を多くこなして回転図形に慣れておきましょう。

【おすすめ問題集】
Ｊｒ・ウォッチャー46「回転図形」

問題32　分野：推理（系列）

観察　考え

〈準備〉　鉛筆

〈問題〉　さまざまな形があるお約束で並んでいます。空いているところにはどの形が入りますか。下の４つから選んで、○をつけてください。

〈時間〉　30秒

〈解答〉　①右端　②左端

［2017年度出題］

系列の問題です。機械的に答えを導く方法を２例挙げますが、あくまで小手先のテクニックですので、おすすめできるものではありません。まず１つは、端から言語化していく方法です。マル・三角・四角・バツ・マル・三角・四角・バツと読み上げていくうちにリズムができ上がり、空所に入るものが自然と口をついて出ます（実際の試験では声に出してはいけません）。本問の設問②のように言語化しにくいものが題材の場合は、同じ形や絵を２つ探して別々の指で押さえ、その手の形のままずらすように往復しながら、空所に入るものを特定する方法を試すとよいでしょう。ただし、いずれの場合も、１つのパターンの中に同じ形や絵が複数回使われた際にはミスが起きやすくなります。あくまで確認のための方法と位置づけ、先に述べたように「考えてお約束を見付ける」ことを基本としてください。

【おすすめ問題集】

Ｊｒ・ウォッチャー６「系列」、46「回転図形」

問題33　分野：巧緻性（運筆）

集中

〈準備〉　鉛筆

〈問題〉　線と線の間をはみ出さないようにしてなぞってください。好きなところから始めていいですよ。

〈時間〉　１分

〈解答〉　省略

［2017年度出題］

学習のポイント

当校で例年出題される、運筆の課題です。筆記用具の持ち方などは正しい形を最初に覚えることが大切です。いったん間違ったやり方を覚えると、矯正するにはそれ以上の努力が必要になるようです。

さて、本年度の運筆の課題は、例年より問題に使われたイラストが複雑な形をしているので、こういった作業に慣れていないと時間が足りなかったかもしれません。「制限時間内に終える」「できあがったもののていねいさ」という２つの観点しかない問題ですから、確実にその２つの観点を満たすような仕上がりを目指してください。

【おすすめ問題集】

Ｊｒ・ウォッチャー51「運筆①」、52「運筆②」

問題34　分野：推理（位置の移動）

聞く　集中

〈準備〉　鉛筆

〈問題〉　①ネコさんが、右へ７つ、上へ４つ動いたら、どこへ行きますか。その場所に○を書いてください。
②クマさんが、下へ６つ、左へ２つ動いたら、どこへ行きますか。その場所に△を書いてください。
③キツネさんが、上へ３つ、左へ４つ、下へ７つ動いたら、どこへ行きますか。その場所に×を書いてください。
④リスさんが、右へ８つ、左へ９つ、上へ５つ動いたら、どこへ行きますか。その場所に◎を書いてください。

〈時間〉　各10秒

〈解答〉　下図参照

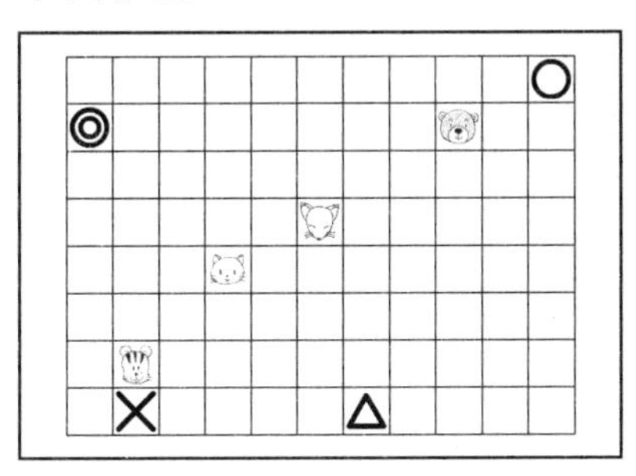

［2017年度出題］

学習のポイント

位置の移動の問題です。実際の入試では、出題者がお手本を見せます。指示をよく聞いて、指先や鉛筆の先などで押さえながらしっかりかぞえ、付ける記号を確認して答えましょう。さほど難しい問題ではありませんが、時間が短いため、慣れていないお子さまは焦ってしまうかもしれません。はじめは時間がかかっても確実に答えを書くことを重視して練習し、ある程度問題を解く力が付いてきたら、時間を区切って練習をしましょう。なお、位置の表し方は、さまざまに表現することができます。「左上の角」であれば、「１番上の段の左端」「１番上の段の左１列目」「下から９段目・右から９列目」などと表すことができます。どんな表現でも正確に理解できるよう、ふだんの生活や学習の中で工夫してみてください。

【おすすめ問題集】
Ｊｒ・ウォッチャー２「座標」、47「座標の移動」

問題35 分野：複合（行動観察・運動）

聞く 集中

〈準 備〉 机・箸（すべり止め加工がしてある）・皿・お椀・マメ・新聞紙・フロアマット

〈問 題〉 **この問題の絵はありません。**
※この問題は４～５人のグループで行なう。
①先生が「ミカン」と言ったら、スキップと手拍子をしてください。「スキップ」と言ったら「スキップ」をしてください。「キツネ」と言ったら、「スキップと両手の上げ下げ（キラキラ）」をしてください。「終わり」と言ったら「片足で立ってバランスを取って」ください。「やめ」と言ったら「その場で気をつけ」をしてください（以下、適宜、声をかけ運動する、３分程度）。
②（机の上に皿とお椀を置き、皿の上にマメを10個程度置く）お皿の上のマメをお椀に移してください。
③マットの上にある新聞紙でお友だちと相談して何か作ってください。

〈時 間〉 適宜

〈解 答〉 省略

［2017年度出題］

学習のポイント

これだけ多くの指示を受けて行動するとなると、多くのお子さまは慌てたことでしょう。このような場合でも、１つひとつを確実に、ていねいに行うことを心がけるよう指導してください。競技形式の内容であっても、勝敗や順位などは採点基準には入りませんので、動作が雑になったり、ルールを無視したりすることのないよう、日頃から言い聞かせておきましょう。また、途中で失敗しても、そこで投げ出したりしてはいけません。最後まであきらめずに取り組む姿勢が大切です。②では箸使いで生活巧緻性を、③では共同作業で集団への順応性を観ます。さまざまな点がチェックされるかなり大変な課題です。指示を理解し、それに沿って動くことを第一に考えてください。

【おすすめ問題集】
新運動テスト問題集、Ｊｒ・ウォッチャー28「運動」、29「行動観察」

問題36　分野：常識（なぞなぞ）

聞く　知識

〈準 備〉　鉛筆

〈問 題〉　**この問題の絵は縦に使用してください。**
なぞなぞの問題です。３つのヒントに合うものを探し、その絵に○を付けてください。
①海の生きものです・スミを吐いて逃げます・足が10本です
②４枚の薄い羽がある虫です・大きな目と長い尻尾を持っています・子どもの時はヤゴと呼ばれます
③木になる果物です・赤いものや紫色のものや緑色のものがあります・丸い粒がたくさん付いています
④夏に咲く花です・タネは食べられます・花びらの色は黄色です

〈時 間〉　各15秒

〈解 答〉　①イカ　②トンボ　③ブドウ　④ヒマワリ

［2016年度出題］

学習のポイント

内容的には海の中の生き物、昆虫、果物、花など多岐に渡っています。このような出題の意図としては、知識の有無を確かめることももちろんですが、それを通じて知的好奇心の度合いを推し量ることにあると考えられます。知的好奇心は、入学後、学力を伸ばすための大切な要素の１つです。自然と触れる中で「どうしてだろう」「どうなっているのだろう」という疑問を抱き、発見した子どもは、知的好奇心を刺激されて「もっと知りたい」「知ることが楽しい」と、自ら学んでいきます。そうなった時の子どもは、ものすごい勢いで知識を吸収していきます。お子さまがそのようなサイクルに入るためには、保護者の方がお子さまに対して興味を引くような言葉掛けをしていくことが大切になります。知識として覚えさせるのではなく、知りたい、という欲を駆り立てるような経験を日常生活に落とし込むことがポイントとなるでしょう。また、ヒマワリの種が食べられることを知らないお子さまも多いかもしれません。そのような場合、実際に手に入れて体験してみるのがよいでしょう。

【おすすめ問題集】

Ｊｒ・ウォッチャー11「いろいろな仲間」、27「理科」、55「理科②」

問題37　分野：数量（たしひき・分配・積み木）

考え

〈準備〉　鉛筆

〈問題〉　**この問題の絵は縦に使用してください。**

（問題37-1の絵を渡して）

①1番上の段の絵を見てください。カタツムリとチョウチョは何匹いますか。真ん中の段のそれぞれのイラストの右の四角に、その数だけ○を書いてください。

②上の段の絵の森にチョウチョが2匹飛んできました。チョウチョは何匹になりましたか。下の段にその数だけ○を書いてください。

（問題37-2の絵を渡して）

③上の段を見てください。この鉛筆を4人で分けます。1人何本もらえるでしょう。その数だけ、右の四角に○を書いてください。

④下の段を見てください。左側の積み木からいくつか積み木を取ると右のようになりました。少なくなった積み木の数だけ、下の四角に○を書いてください。

〈時間〉　2分

〈解答〉　①カタツムリ：3　チョウチョ：7　②○：9　③○：3　④○：3

［2016年度出題］

学習のポイント

よく「100までの数を言えるように」とお子さまに数字を丸暗記させている保護者の方がいらっしゃいますが、小学校受験では知識としての数字よりは、数の概念を身に付けることが大切です。数量分野の問題では、おはじきなどの具体物を実際に用いて、何度も動かして数の概念を身に付け、見た瞬間にだいたいの数が把握できるようになることが理想です。本問では数の加減（足し引き）に加え、分配、積み木の数などさまざまな切り口で数の問題が出題されています。だいたいの数を把握できるという意味での「数の感覚」は、どのような問題に対しても有効かつ必要なものですから、徐々に身に付けておきましょう。試験が近くなれば別ですが、この種の問題は、ていねいに解説することでお子さまの理解も深まりますから、はじめのうちは解答時間の制限にこだわる必要もありません。

【おすすめ問題集】

Ｊｒ・ウォッチャー14「数える」、16「積み木」、37「選んで数える」
39「たし算・ひき算2」、43「数のやりとり」

問題38　分野：言語

語彙

〈準備〉　鉛筆

〈問題〉　①「くしゃくしゃ」という言葉にあう絵を選んで○をつけてください。
②この中で「あ」という音のある言葉に○をつけてください。
③5つの音でできていて、最後に「り」がつくものに○をつけてください。

〈時間〉　①1分　②30秒

〈解答〉　①右から2番目　②アシカ、アリ　③コイノボリ

［2016年度出題］

学習のポイント

言語分野の問題は、語彙の豊かさが求められます。お子さまがはじめて見るものに興味を持ったら、正確な名称や言葉で覚えせさるようにすることが大切です。覚えるというのは単純に記憶するということではなく、本の読み聞かせや図鑑、絵本などにたくさん触れることで、言葉の使い方をふくめた意味での「語彙」を増やすということです。もちろん、しりとりをはじめとして、同頭音語や同尾音語など、さまざまな条件を付けた言葉遊びも、豊かな語彙力や知識を養成するのに有効です。問題の中にわからないものがある時は、そのままにせず、図鑑などですぐに調べるようにしましょう。「わからないことはすぐに調べる」という姿勢は、後々の学習において非常に大切です。

【おすすめ問題集】
Ｊｒ・ウォッチャー17「言葉の音遊び」、49「しりとり」、
60「言葉の音（おん）」

問題39　分野：複合（位置の移動・左右の弁別・裏表）

聞く　集中

〈準備〉　鉛筆

〈問題〉　①左の四角を見てください。右手を挙げているウサギに○を、左手を挙げているクマに△を付けてください。
②右手を挙げているクマから上に1つ、左に3ついったところに◎を付けてください。
③右の四角を見てください。リボンの「☆」の書いてある部分が表の時は○を、裏の時は△を「☆」のマークに付けてください。

〈時間〉　各30秒

〈解答〉　下図参照

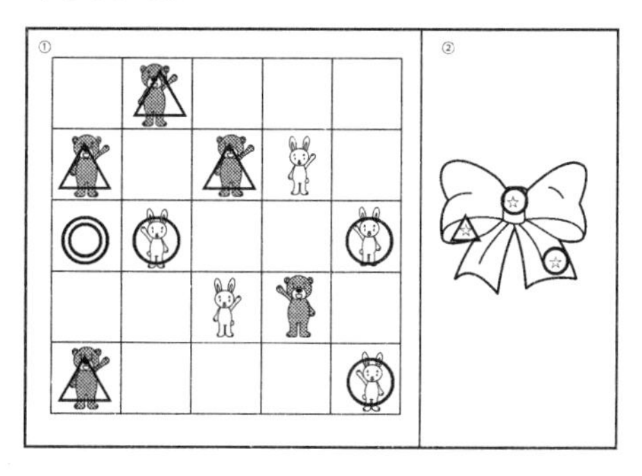

［2016年度出題］

①②は、昨年も出題された上下左右の区別の問題です。座標の移動についても問われていますが、同じ趣旨でしょう。上下左右の弁別は机上で学ぶよりも、生活の中で身に付けるようにしたいものです。何かを取ってもらう時には、「戸棚の右の扉を開いたところに上から２番目の引き出し」と指示する、あるいは、地図を見ながら「家をまっすぐ出て３番目の角を右に曲って、すぐに左に曲がったところにある公園」といった道順をたどるのも良いでしょう。お子さまにとって難しい点は、自分が今いるマス目ではなく隣のマス目からかぞえ始めるということ、また本問では、地図上を人や動物が進んでいくため、「左右」は地図上の人や動物の視点からの「左右」いうとことです。大人から見ると当然のことように思えますが、慣れないお子さまにとっては混乱する要素ですから、注意してください。③の「表裏」については感覚的に理解できるとは思いますが、お子さまが納得しないようであれば、実際にリボンを用意して、お子さまに絵のように結んでもらいましょう。言葉で説明するよりも効果的です。

【おすすめ問題集】
　Ｊｒ・ウォッチャー47「座標の移動」

問題40　分野：図形（重ね図形）

考え　観察

〈準備〉　鉛筆・消しゴム

〈問題〉　**この問題の絵は縦に使用してください。**
１番上の図を見てください。いくつかの形が重なっていますね。
①重なりの１番上はどれですか。上から２段目の中から選んで、○をつけましょう。
②重なりの１番下はどれですか。下から２番目の段から選んで、○をつけましょう。
③重なりの真ん中はどれですか。１番下の段から選んで○をつけましょう。

〈時間〉　各20秒

〈解答〉　①右から２番目（◇）　②真ん中（□）　③右端（☆）

［2016年度出題］

学習のポイント

この問題は、どれか１つがわかればよいのではなく、すべてを把握して解答することが求められます。そのような観点から、この問題はすべて正解して初めて「できた」と評することができる内容です。重なり自体は特に難しい内容ではありません。むしろ、全体を通しての難易度から見たら確実に押さえたい内容の問題といえるでしょう。まずは、折り紙を用意して、順番に重ねてみましょう。お子さまが重ねた順番と問題に描かれてある絵の順番が正しいか、確認してください。もし、重ねた順番が間違えていた場合や、重なって見えること自体の理解が得られないようでしたら、クリアファイルを描かれている絵の通りに切り取り、重ねてみましょう。

【おすすめ問題集】
　Ｊｒ・ウォッチャー35「重ね図形」

東洋英和女学院小学部　専用注文書

年　　月　　日

合格のための問題集ベスト・セレクション

＊入試頻出分野ベスト３

1st　記　憶　　集中力　聞く力

2nd　数　量　　観察力　集中力

3rd　常　識　　マナー　知　識

数量を中心に多分野の問題が出題される「総合問題」が特徴です。記憶については「聞き取り」中心で、お話の記憶は出題されない年もあります。「系列」の問題は毎年出題で、なかなかの難問です。

分野	書　名	価格(税抜)	注文	分野	書　名	価格(税抜)	注文
図形	Ｊｒ・ウォッチャー5「回転・展開」	1,500円	冊	図形	Ｊｒ・ウォッチャー46「回転図形」	1,500円	冊
推理	Ｊｒ・ウォッチャー6「系列」	1,500円	冊	推理	Ｊｒ・ウォッチャー50「観覧車」	1,500円	冊
数量	Ｊｒ・ウォッチャー14「数える」	1,500円	冊	巧緻性	Ｊｒ・ウォッチャー51「運筆①」	1,500円	冊
数量	Ｊｒ・ウォッチャー16「積み木」	1,500円	冊	巧緻性	Ｊｒ・ウォッチャー52「運筆②」	1,500円	冊
言語	Ｊｒ・ウォッチャー17「言葉の音遊び」	1,500円	冊	図形	Ｊｒ・ウォッチャー54「図形の構成」	1,500円	冊
言語	Ｊｒ・ウォッチャー18「いろいろな言葉」	1,500円	冊	常識	Ｊｒ・ウォッチャー55「理科②」	1,500円	冊
記憶	Ｊｒ・ウォッチャー19「お話の記憶」	1,500円	冊	常識	Ｊｒ・ウォッチャー56「マナーとルール」	1,500円	冊
記憶	Ｊｒ・ウォッチャー20「見る記憶・聴く記憶」	1,500円	冊	推理	Ｊｒ・ウォッチャー57「置き換え」	1,500円	冊
巧緻性	Ｊｒ・ウォッチャー23「切る・貼る・塗る」	1,500円	冊	推理	Ｊｒ・ウォッチャー58「比較②」	1,500円	冊
常識	Ｊｒ・ウォッチャー27「理科」	1,500円	冊	言語	Ｊｒ・ウォッチャー60「言葉の音（おん）」	1,500円	冊
推理	Ｊｒ・ウォッチャー31「推理思考」	1,500円	冊		面接テスト問題集	2,000円	冊
数量	Ｊｒ・ウォッチャー42「一対多の対応」	1,500円	冊		１話５分の読み聞かせお話集①②	1,800円	各　冊
図形	Ｊｒ・ウォッチャー46「回転図形」	1,500円	冊		新 小学校受験の入試面接Ｑ＆Ａ	2,600円	冊
推理	Ｊｒ・ウォッチャー47「座標の移動」	1,500円	冊		新 願書・アンケート文例集500	2,600円	冊

合計	冊	円

（フリガナ） 氏　名	電　話 ＦＡＸ E-mail
住 所　〒　　　－	以前にご注文されたことはございますか。 有　・　無

★お近くの書店、または記載の電話・FAX・ホームページにてご注文をお受けしております。
　電話：03-5261-8951　FAX：03-5261-8953　代金は書籍合計金額＋送料がかかります。
　※なお、落丁・乱丁以外の理由による商品の返品・交換には応じかねます。
★ご記入頂いた個人に関する情報は、当社にて厳重に管理致します。なお、ご購入の商品発送の他に、当社発行の書籍案内、書籍に関する調査に使用させて頂く場合がございますので、予めご了承ください。

日本学習図書株式会社
http://www.nichigaku.jp

問題 1

無断複製／転載を禁ずる

日本学習図書株式会社

問題2

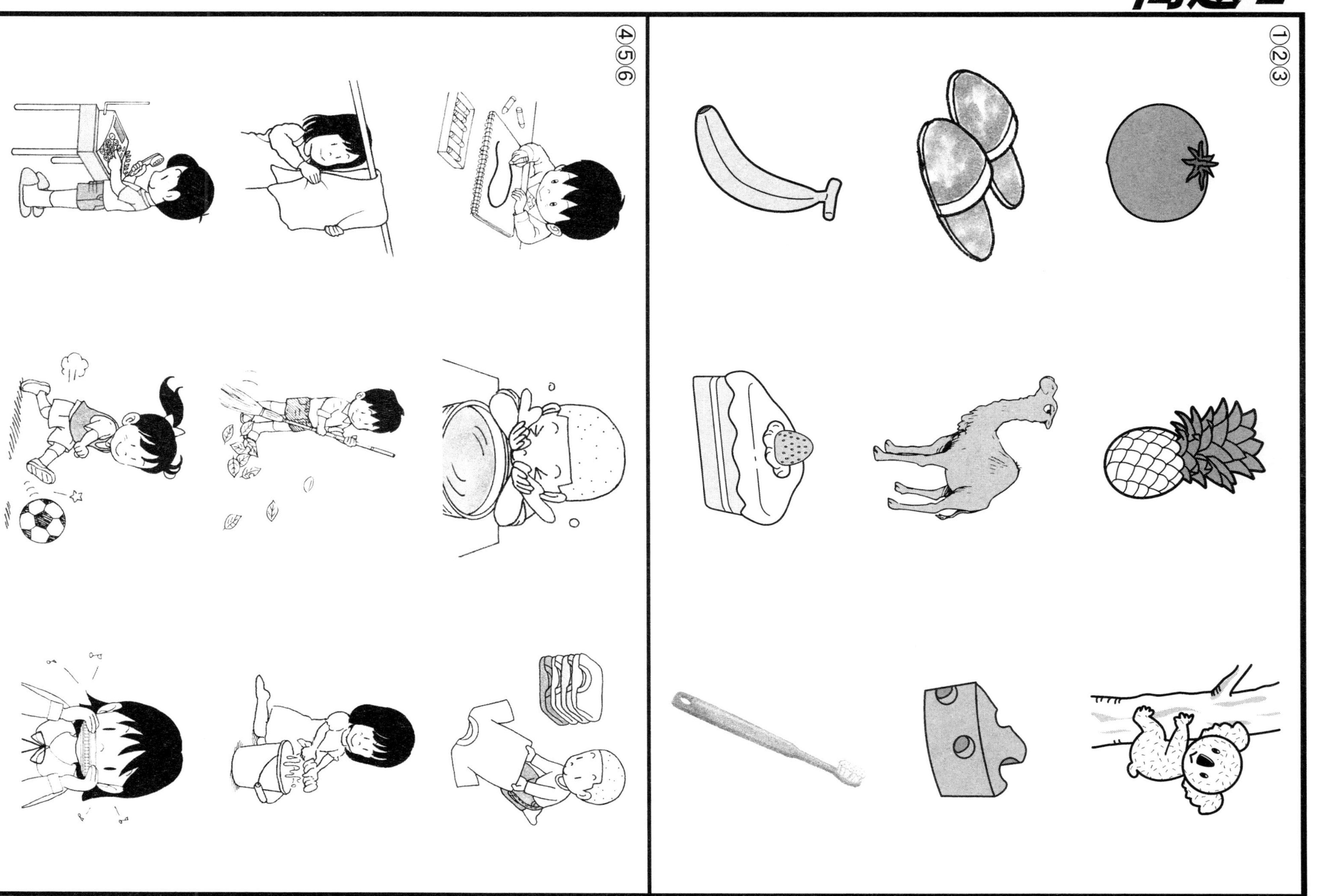

2021年度 東洋英和女学院　過去　無断複製／転載を禁ずる

日本学習図書株式会社

問題 3

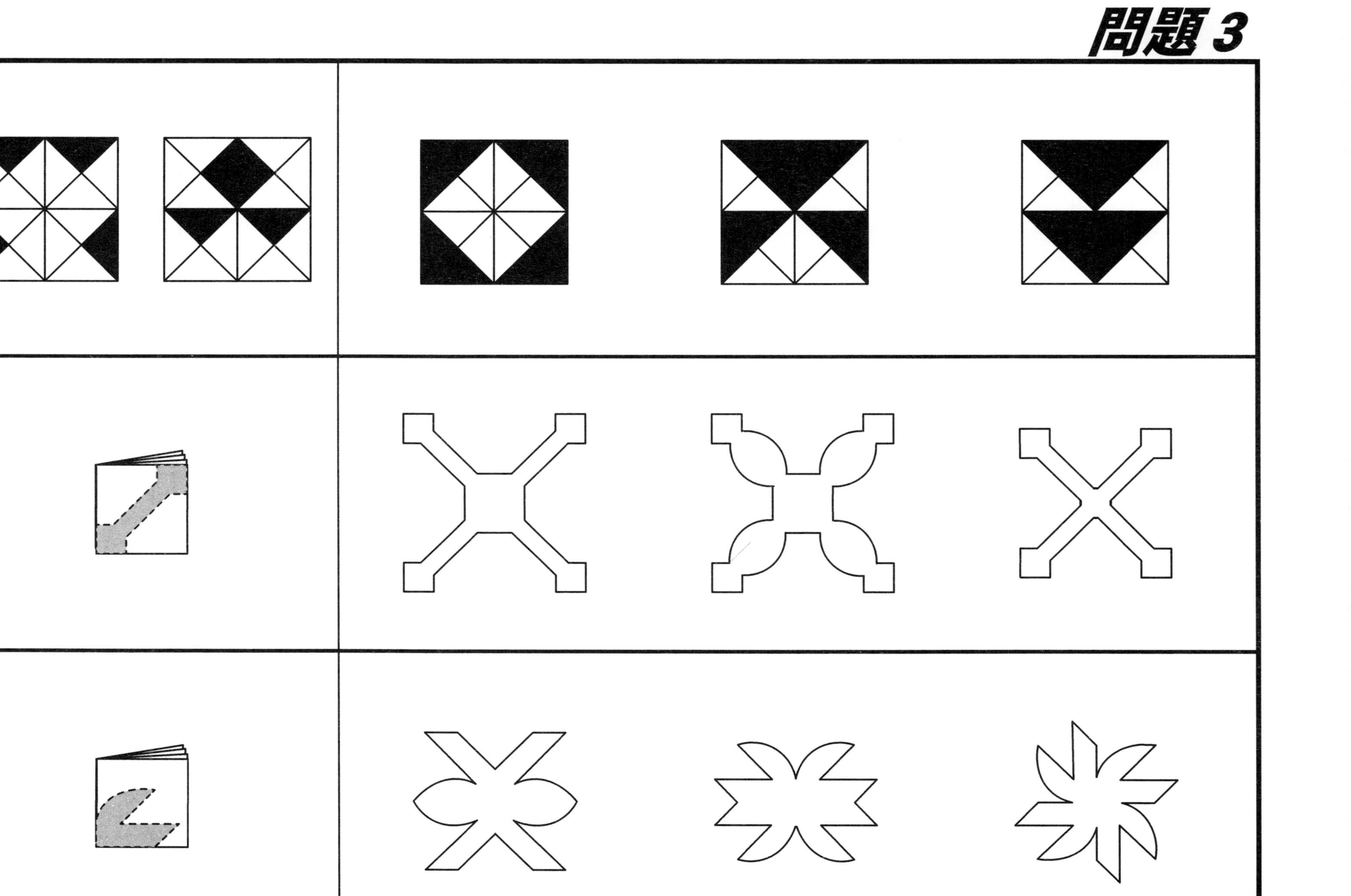

問題4

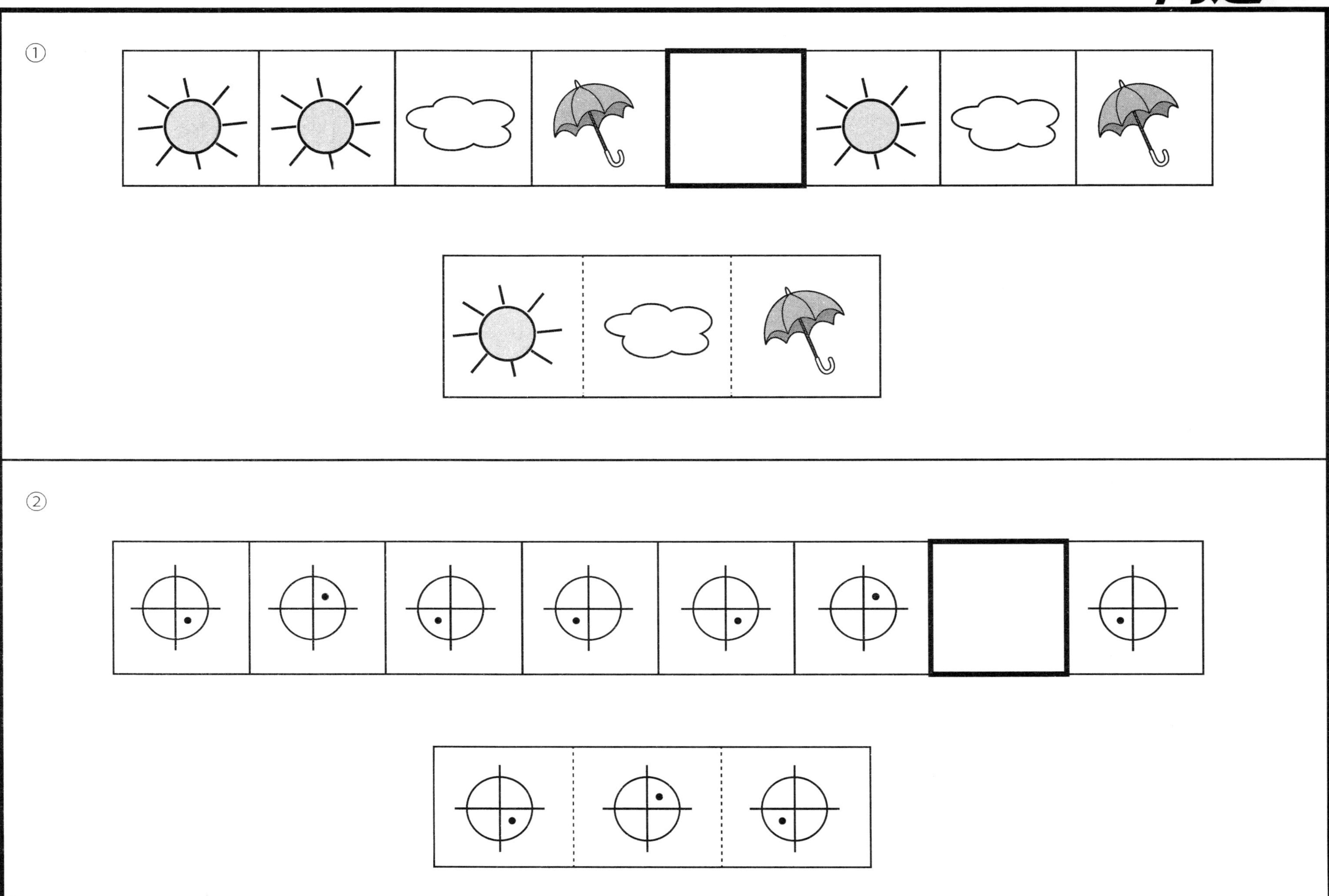

 無断複製／転載を禁ずる

問題5

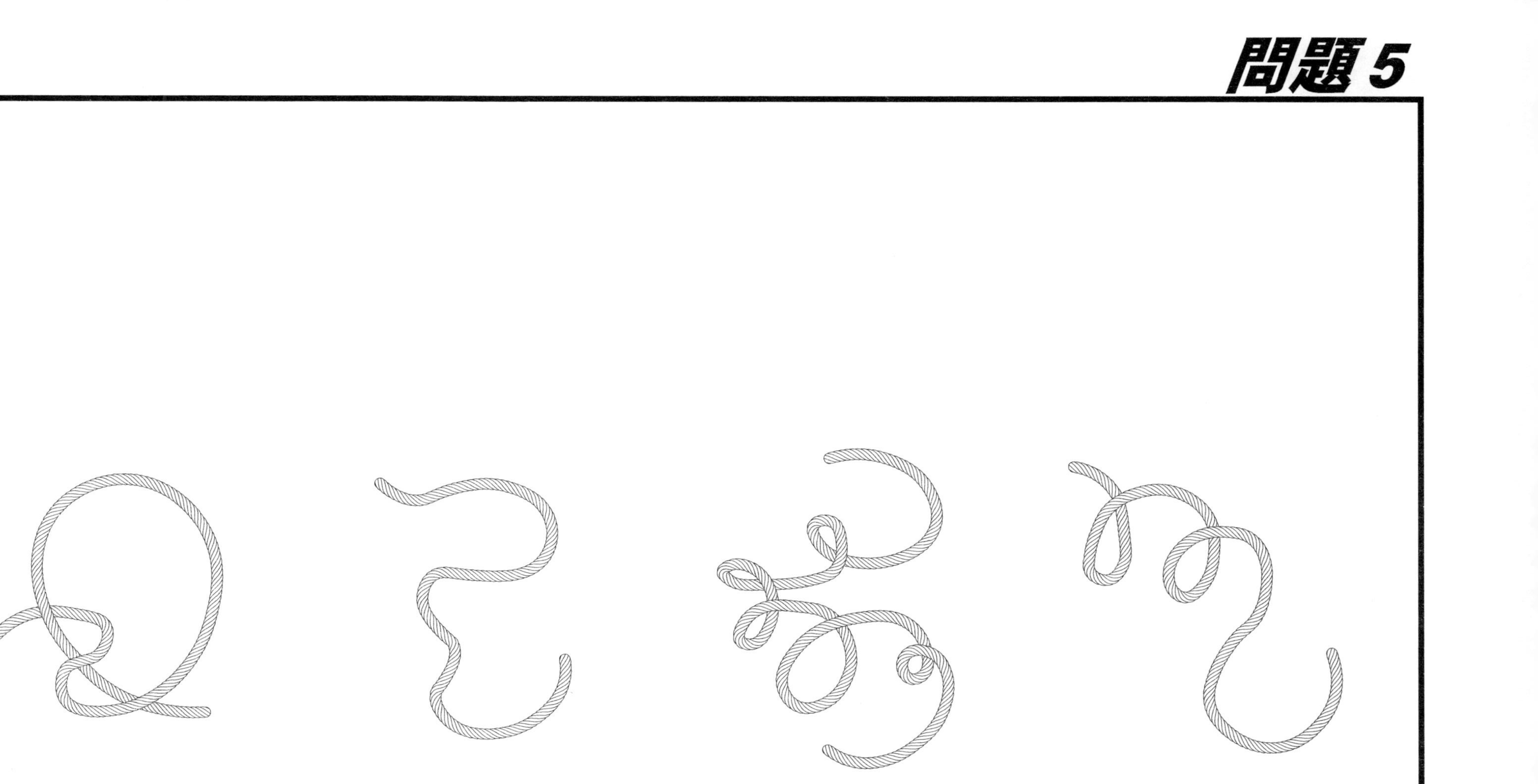

問題6

	×	○
◎	□	
	△	◇

問題7

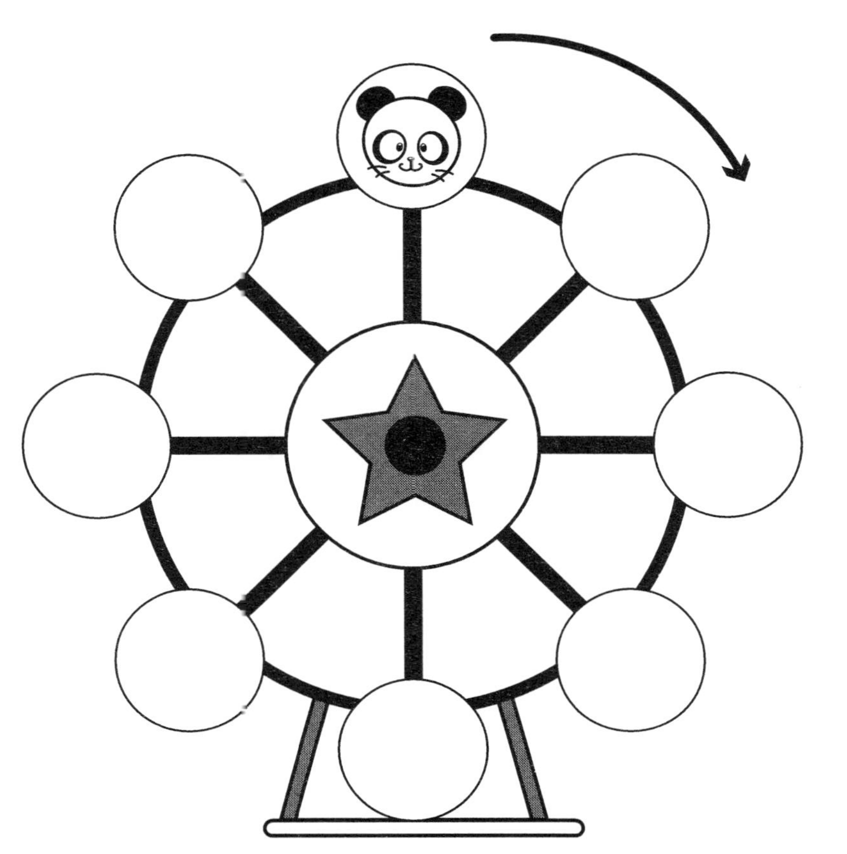

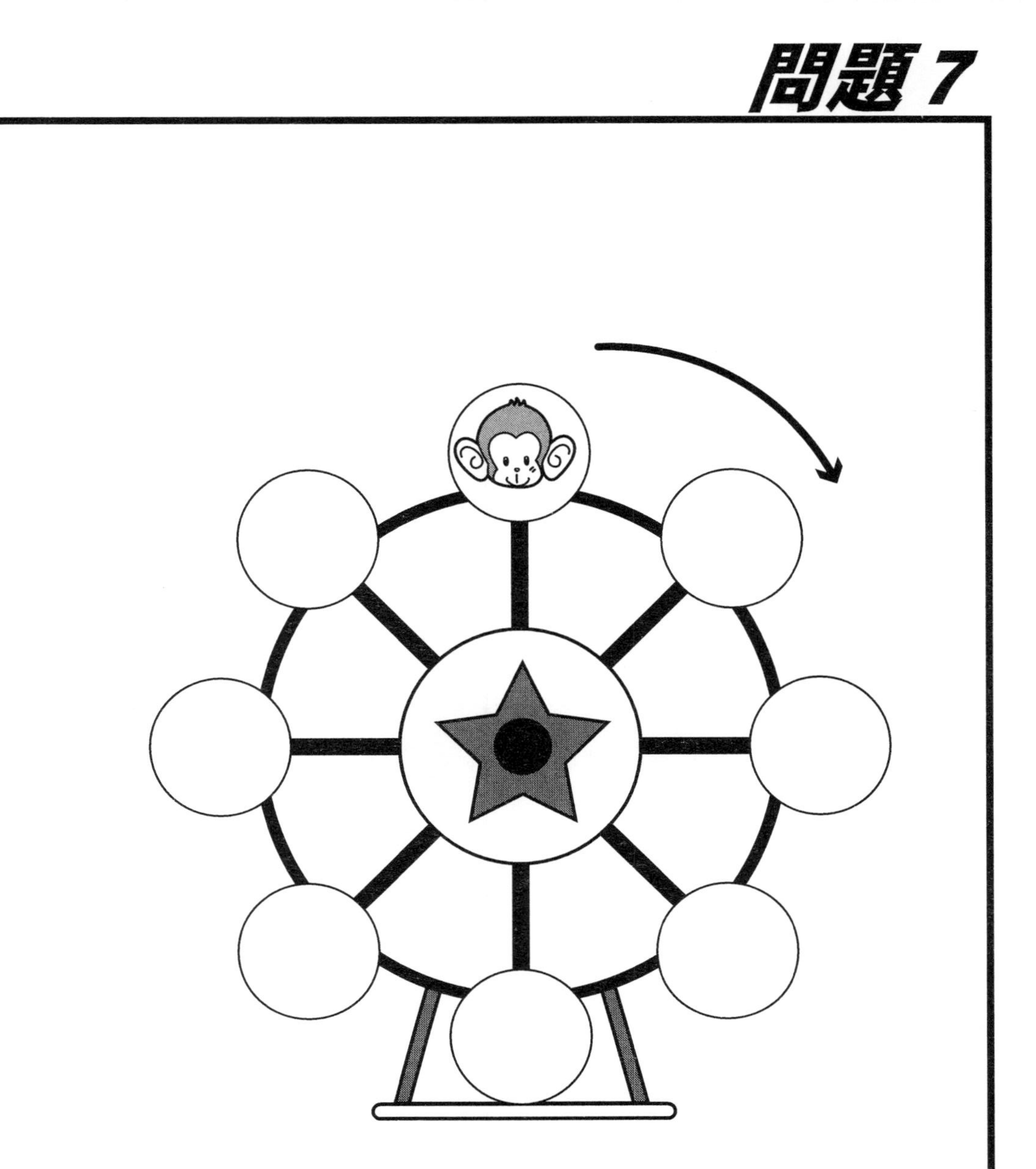

問題8

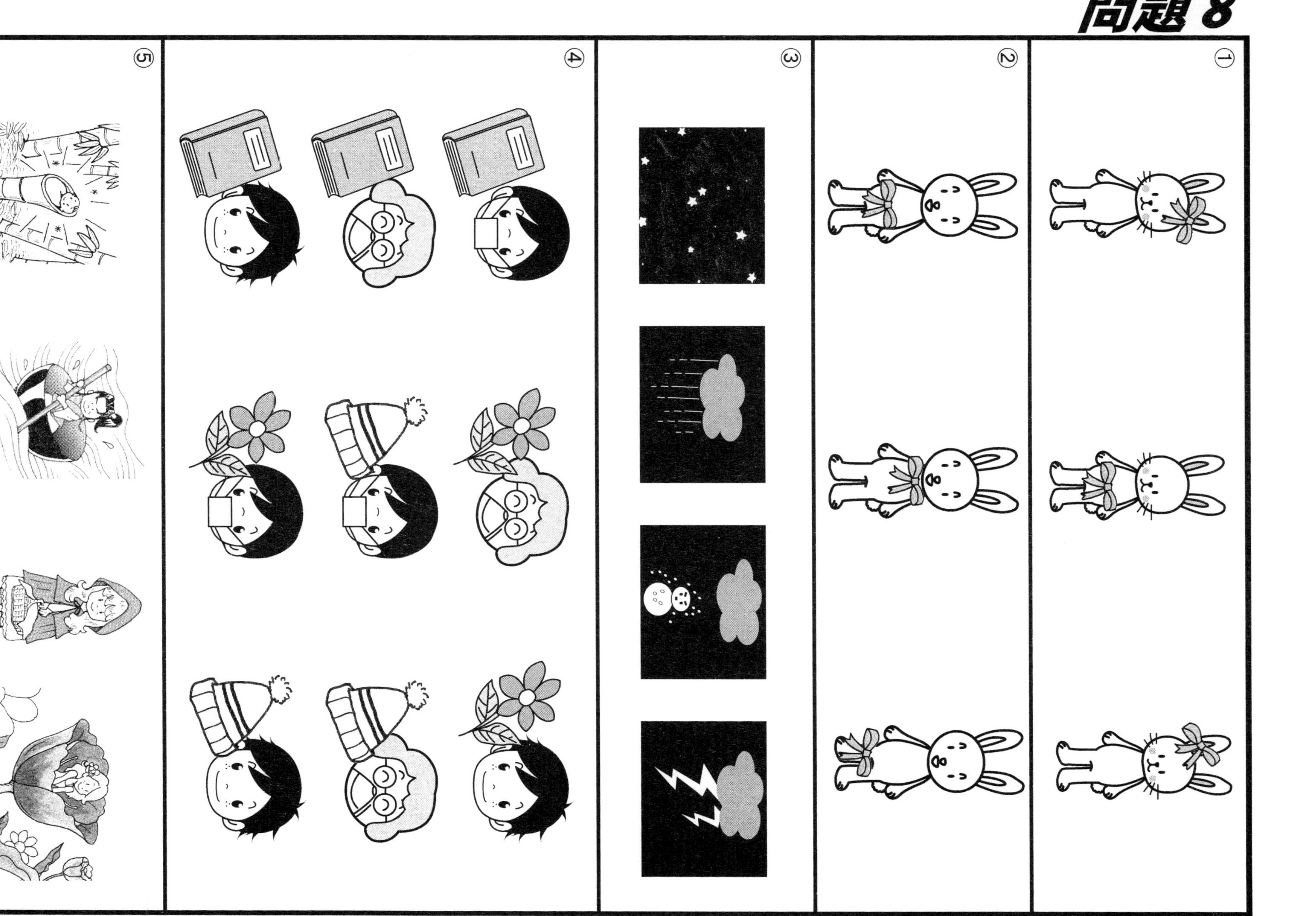

 無断複製／転載を禁ずる

問題１０－１

問題10－2

①

②

③

④

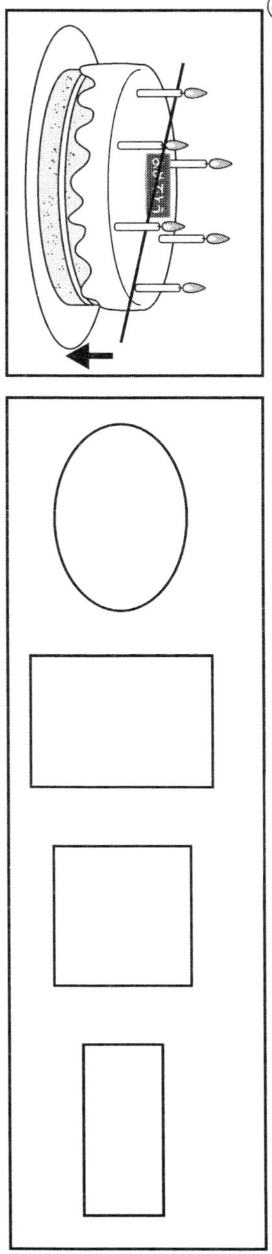

⑤

⑥

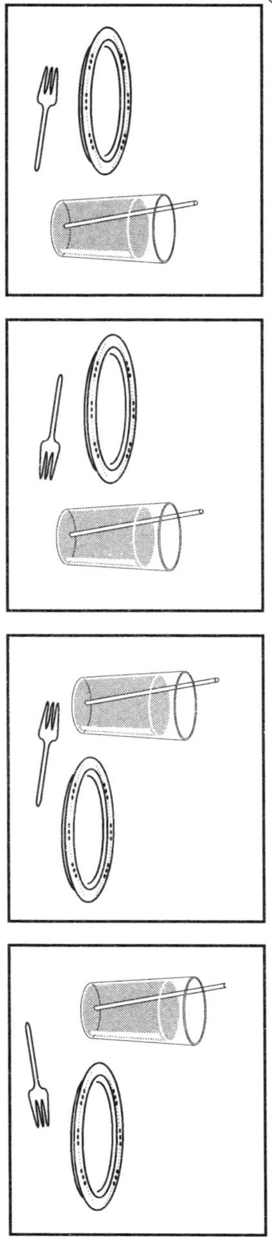

無断複製／転載を禁ずる

日本学習図書株式会社

問題１１

①

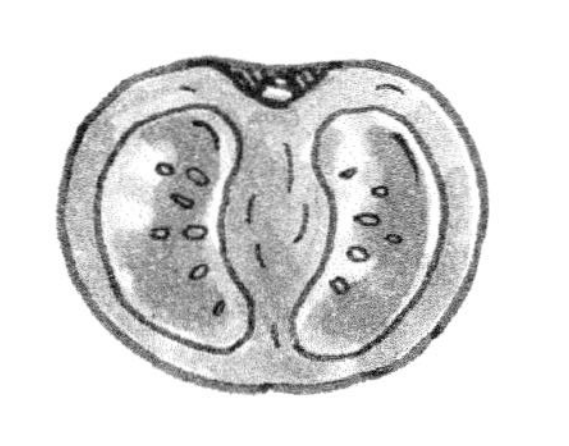

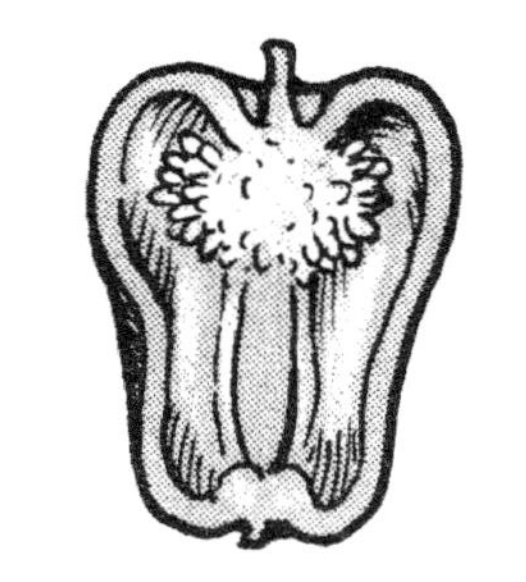

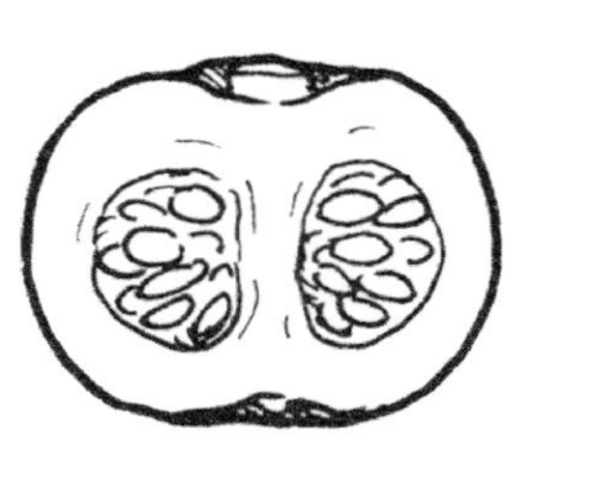

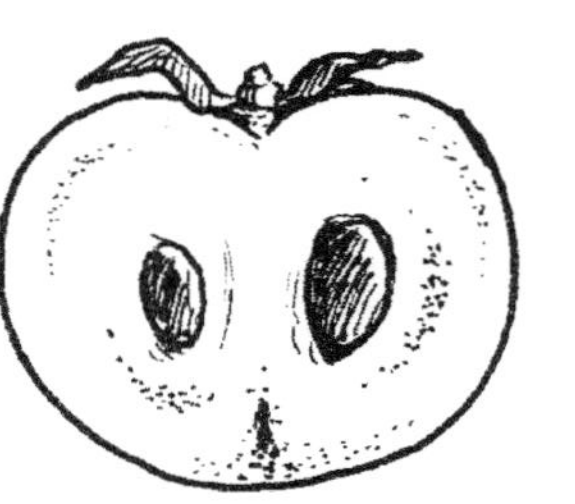

②

無断複製／転載を禁ずる

日本学習図書株式会社

問題１２

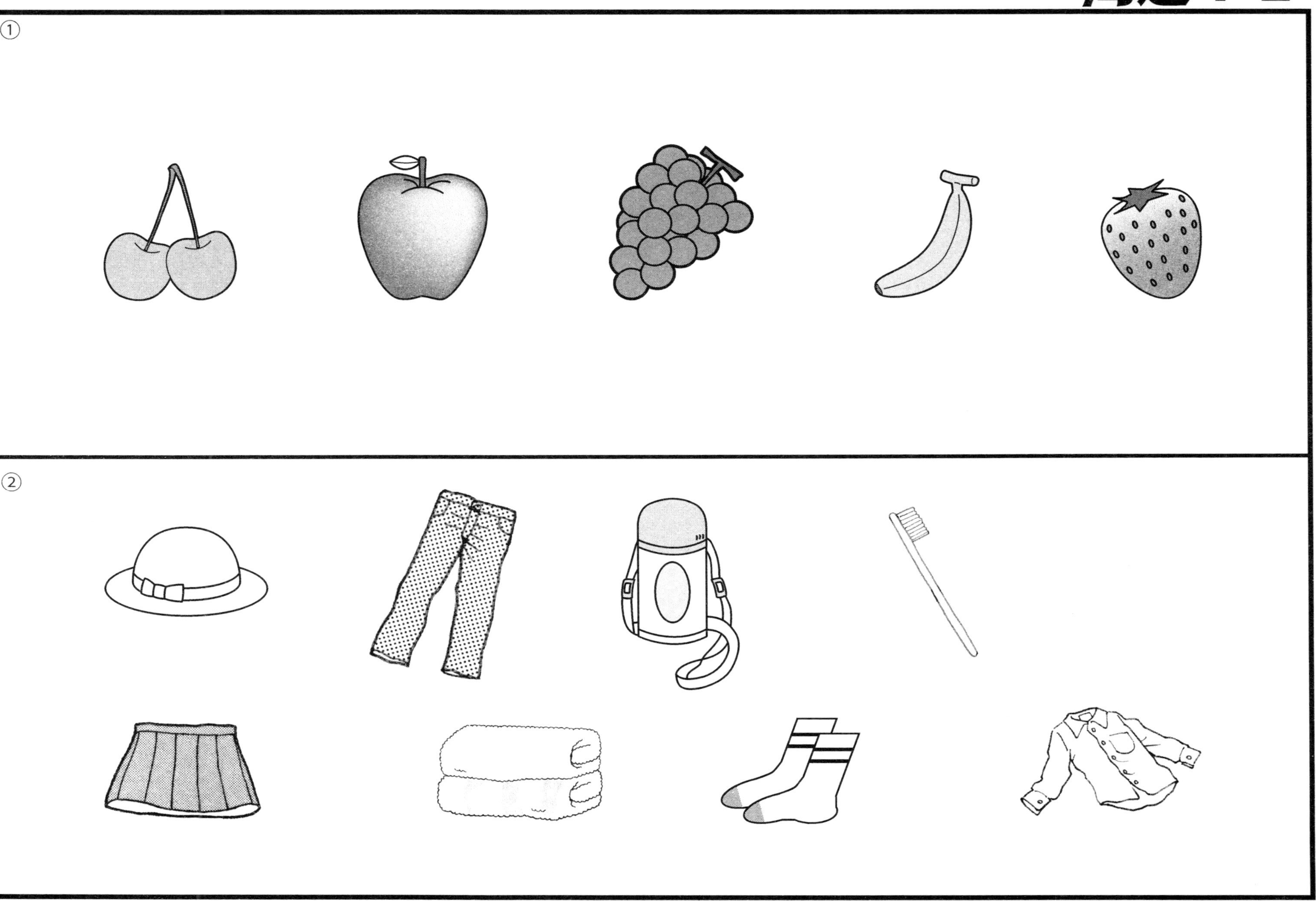

問題13

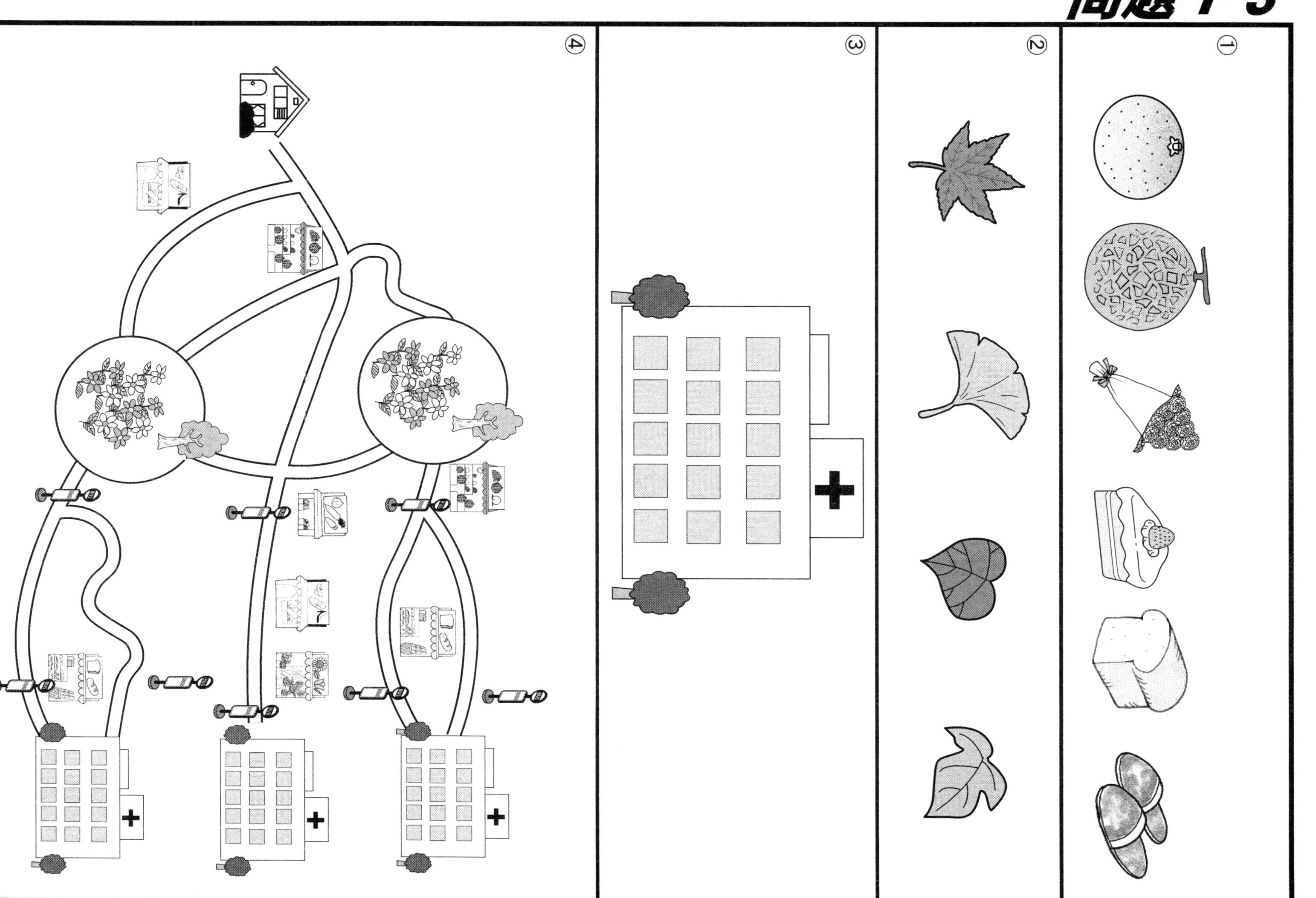

2021年度 東洋英和女学院 過去 無断複製／転載を禁ずる

日本学習図書株式会社

問題１４

問題15

①

②

問題16

①②

③④

2021年度 東洋英和女学院 過去 無断複製／転載を禁ずる

日本学習図書株式会社

問題１７

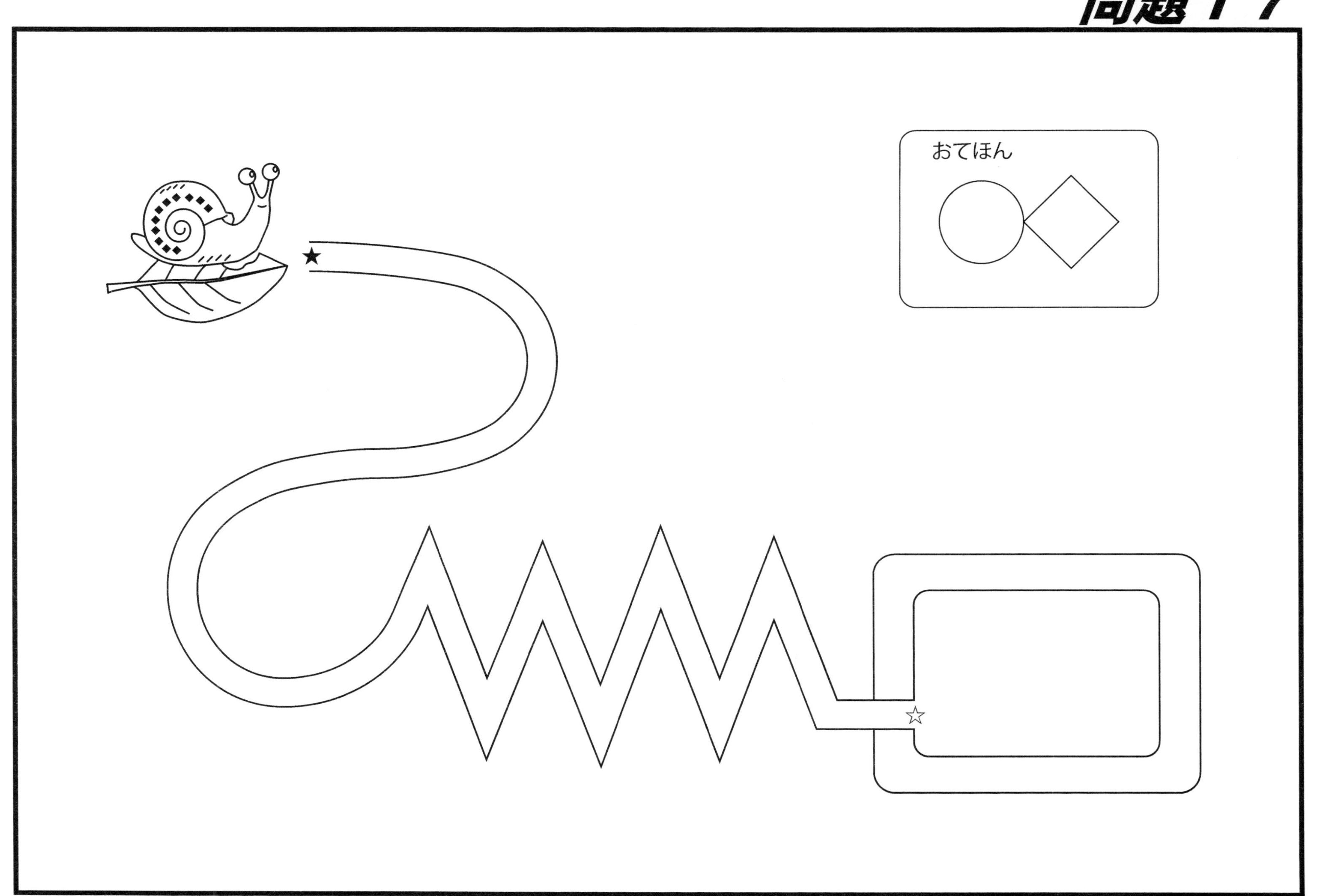

無断複製／転載を禁ずる

日本学習図書株式会社

問題１８

①

②③

問題１９

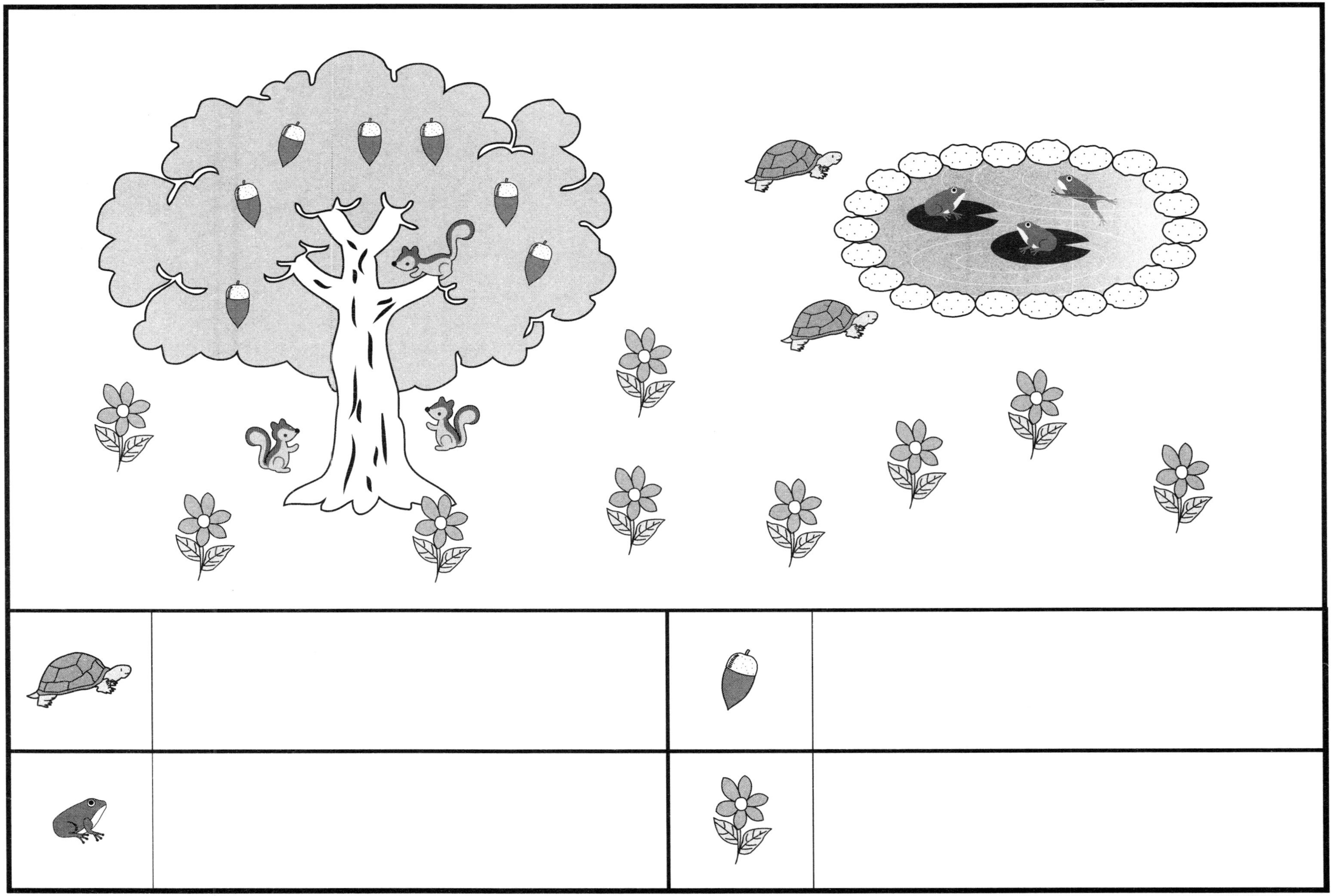

無断複製／転載を禁ずる

日本学習図書株式会社

問題２０

①

🍒	🍑	🍎	□	🍌	🍒		🍎	🍓	🍌		🍑	🍎

🍒	🍎	🍓	🍌	🍑

②

→	↖		↗	←	→	□	↓	↗	←	→		↓	↗

↖	↑	→	←	↗

問題２１

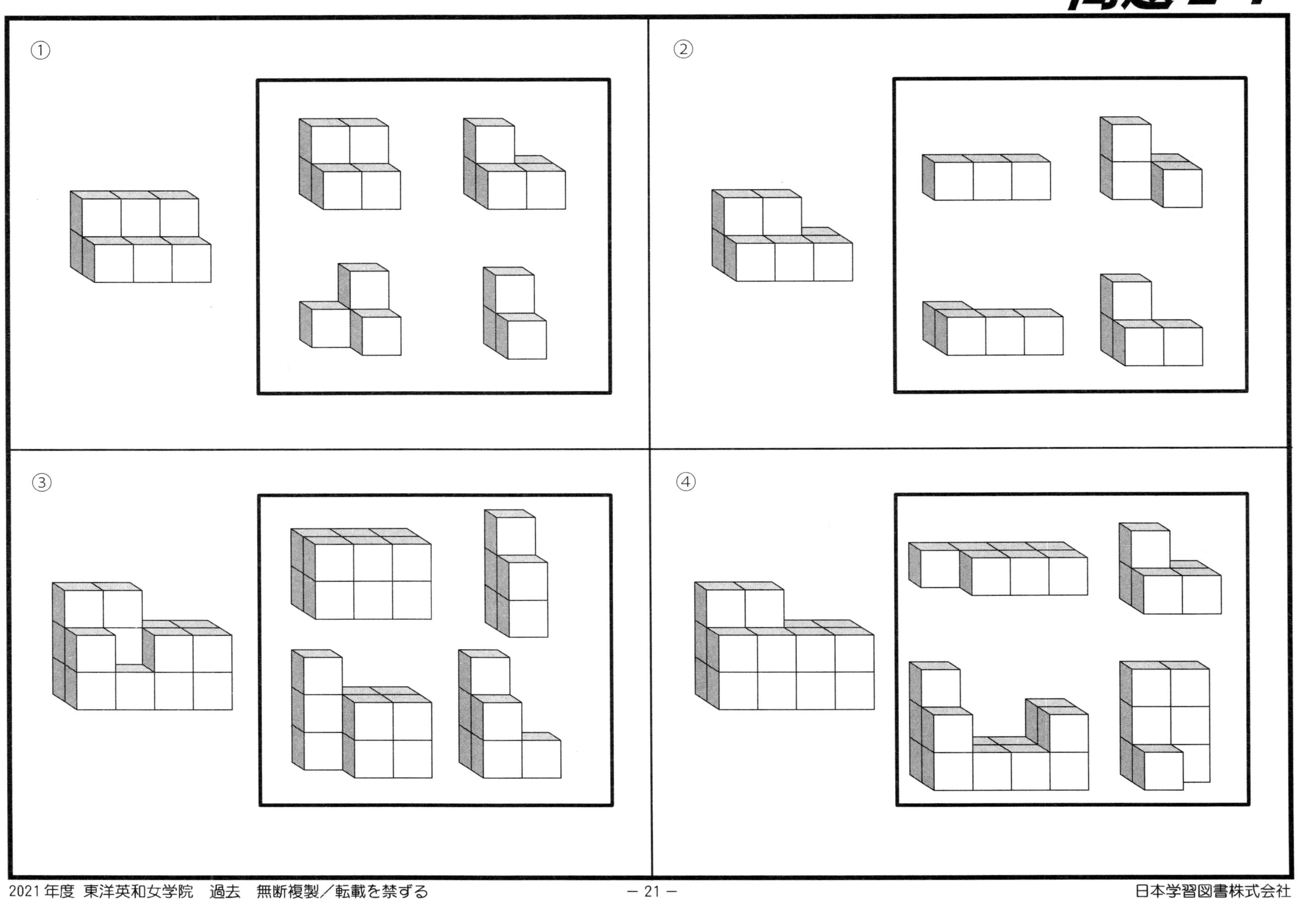

問題２２

①

②

③

④

無断複製／転載を禁ずる

日本学習図書株式会社

問題２３

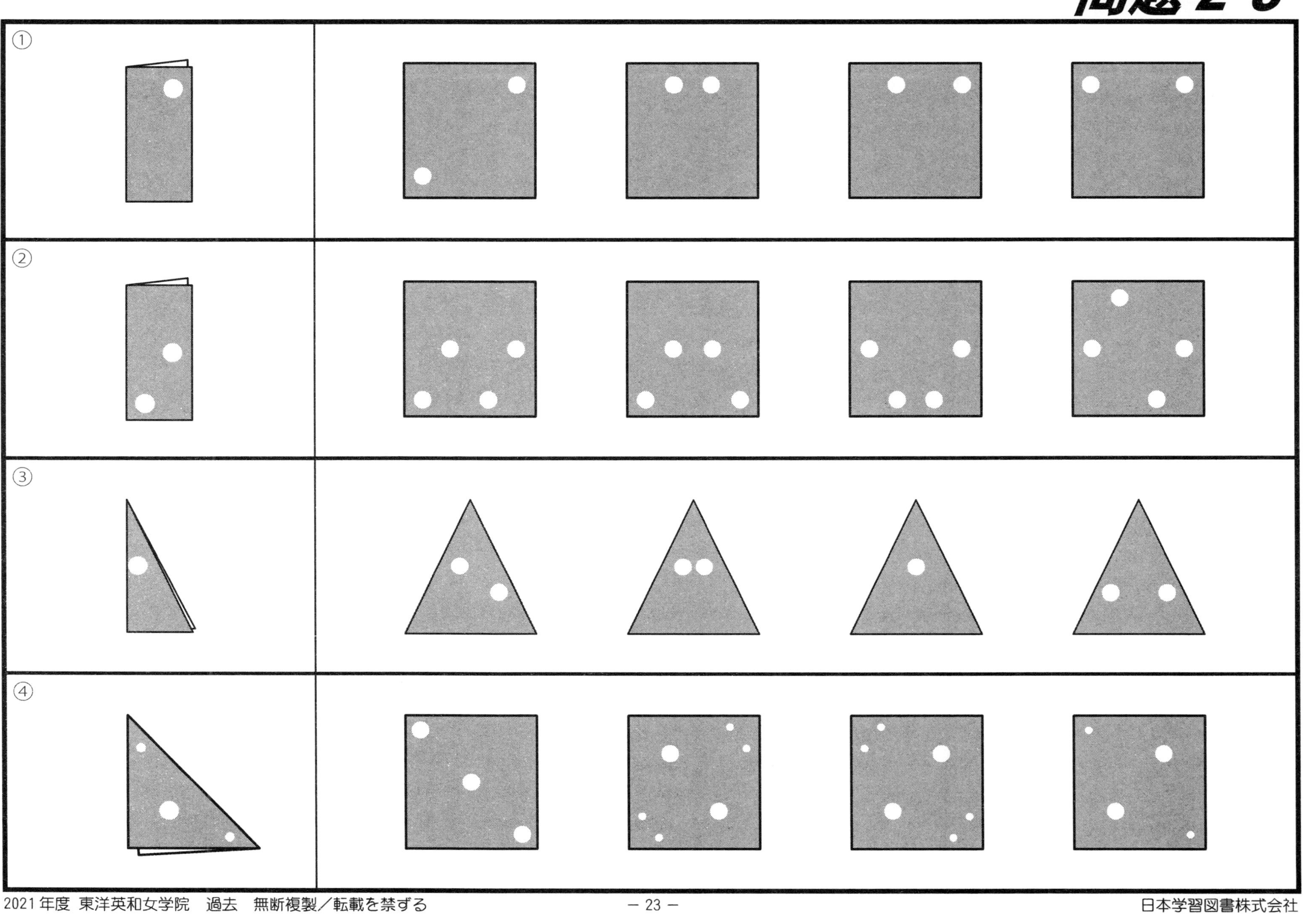

問題２４

 無断複製／転載を禁ずる

日本学習図書株式会社

問題２５

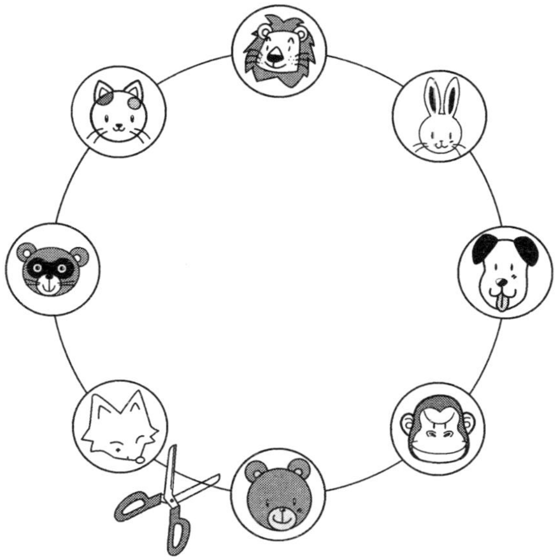

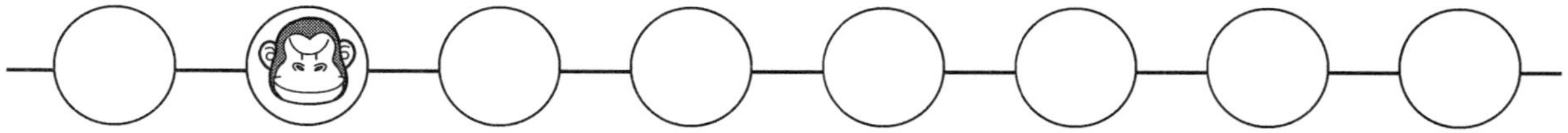

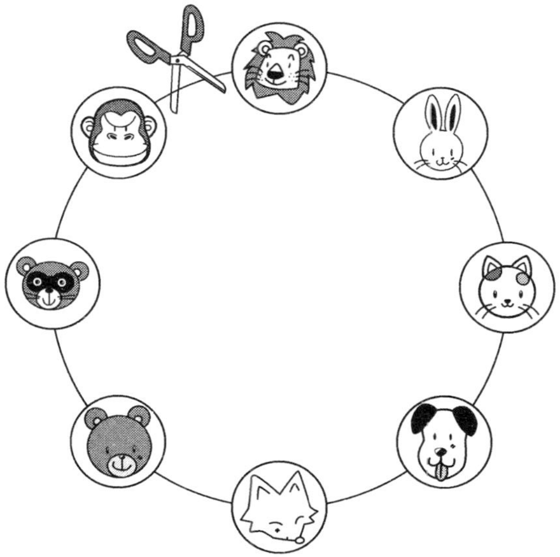

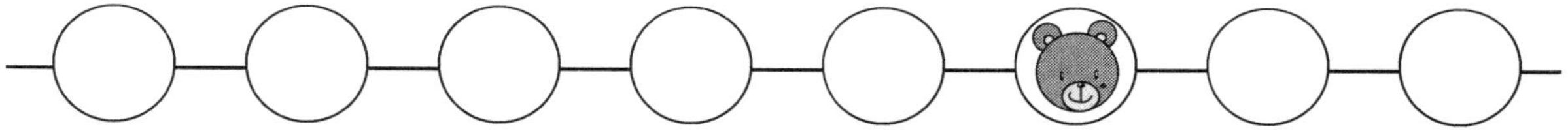

問題２６

①

②

 無断複製／転載を禁ずる

日本学習図書株式会社

問題２７

①

赤 白

②

赤 青

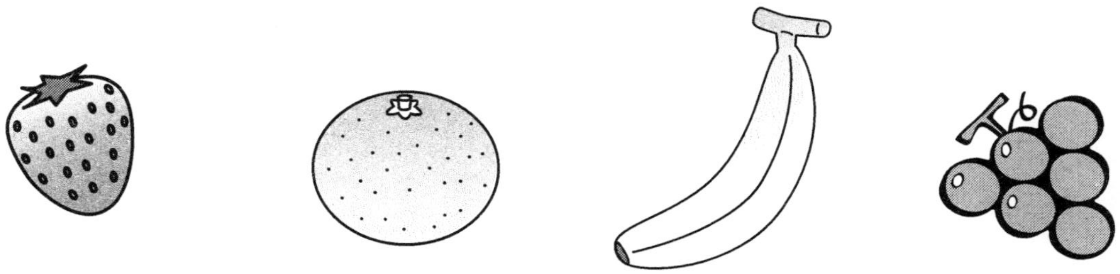

問題２８

①

②

③

④

 無断複製／転載を禁ずる

日本学習図書株式会社

問題29

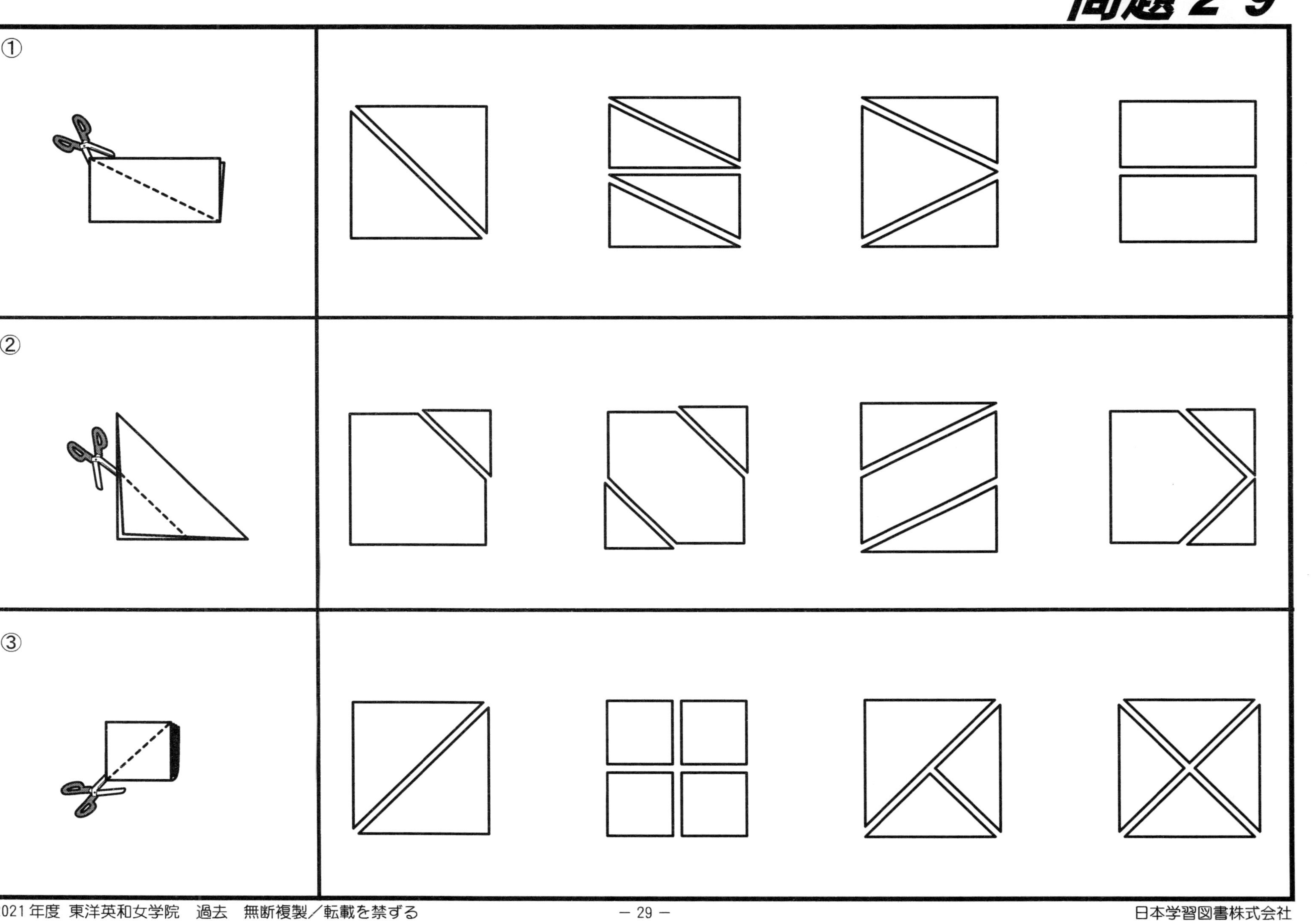

 無断複製／転載を禁ずる

日本学習図書株式会社

問題３０

①

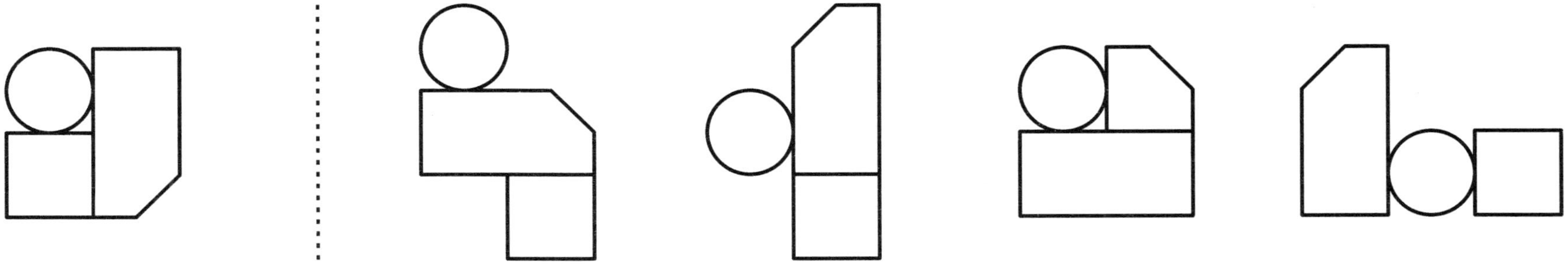

②

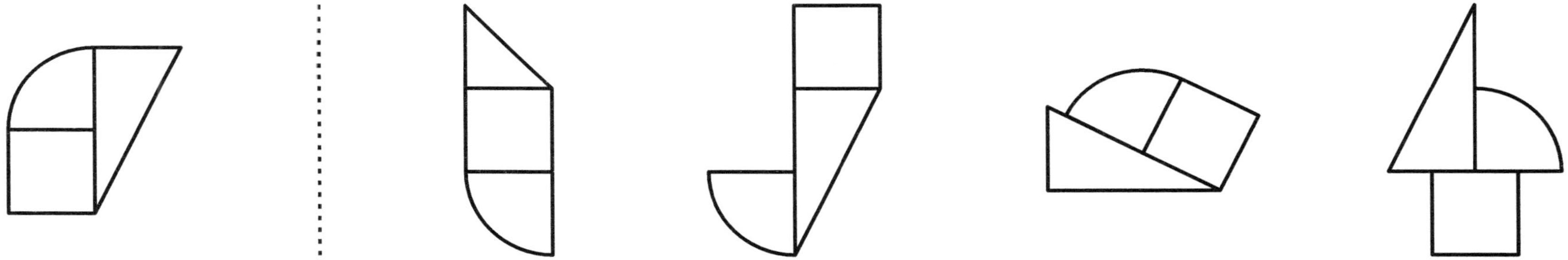

問題３１

①

②

③

④

⑤

問題32

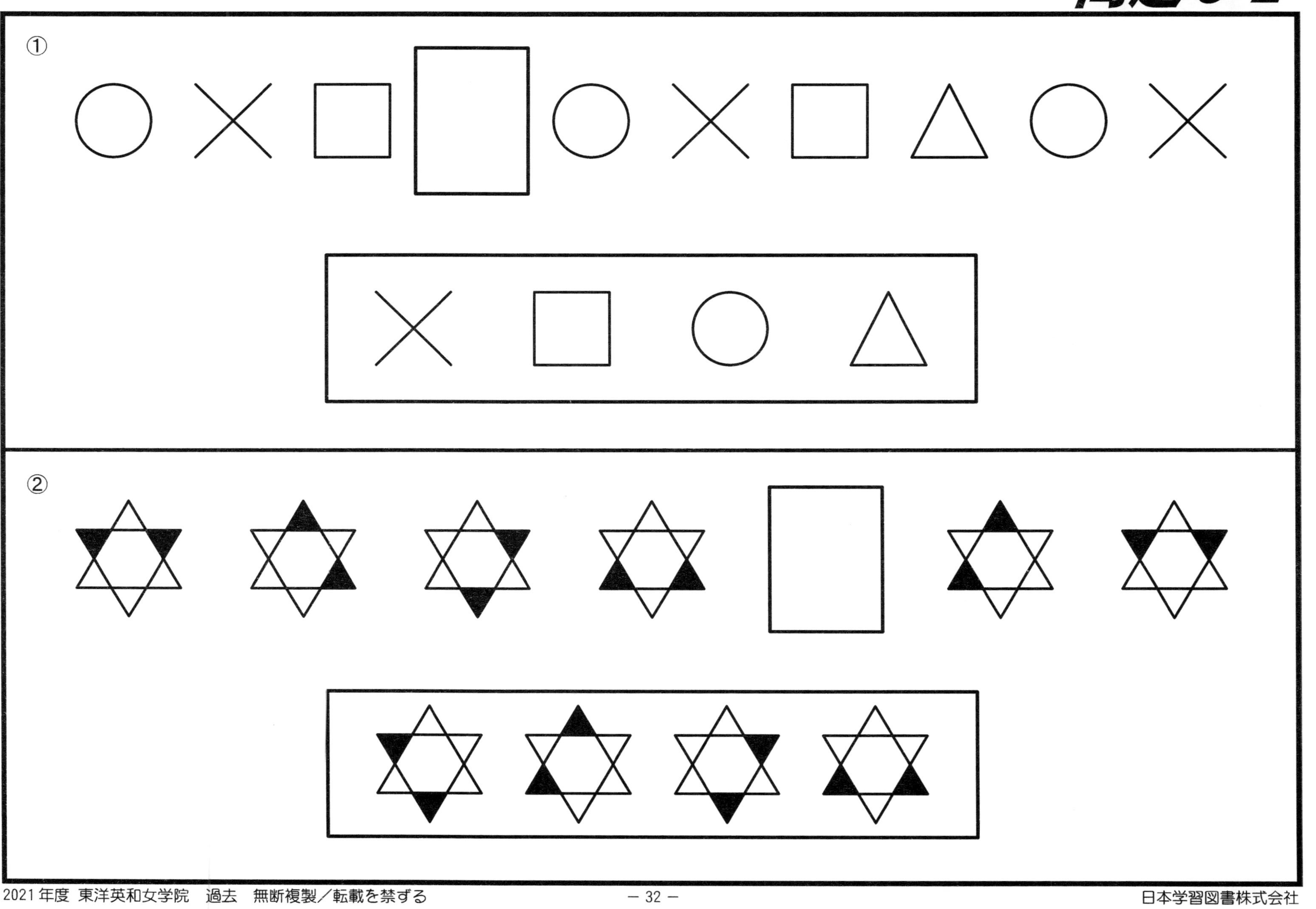

問題33

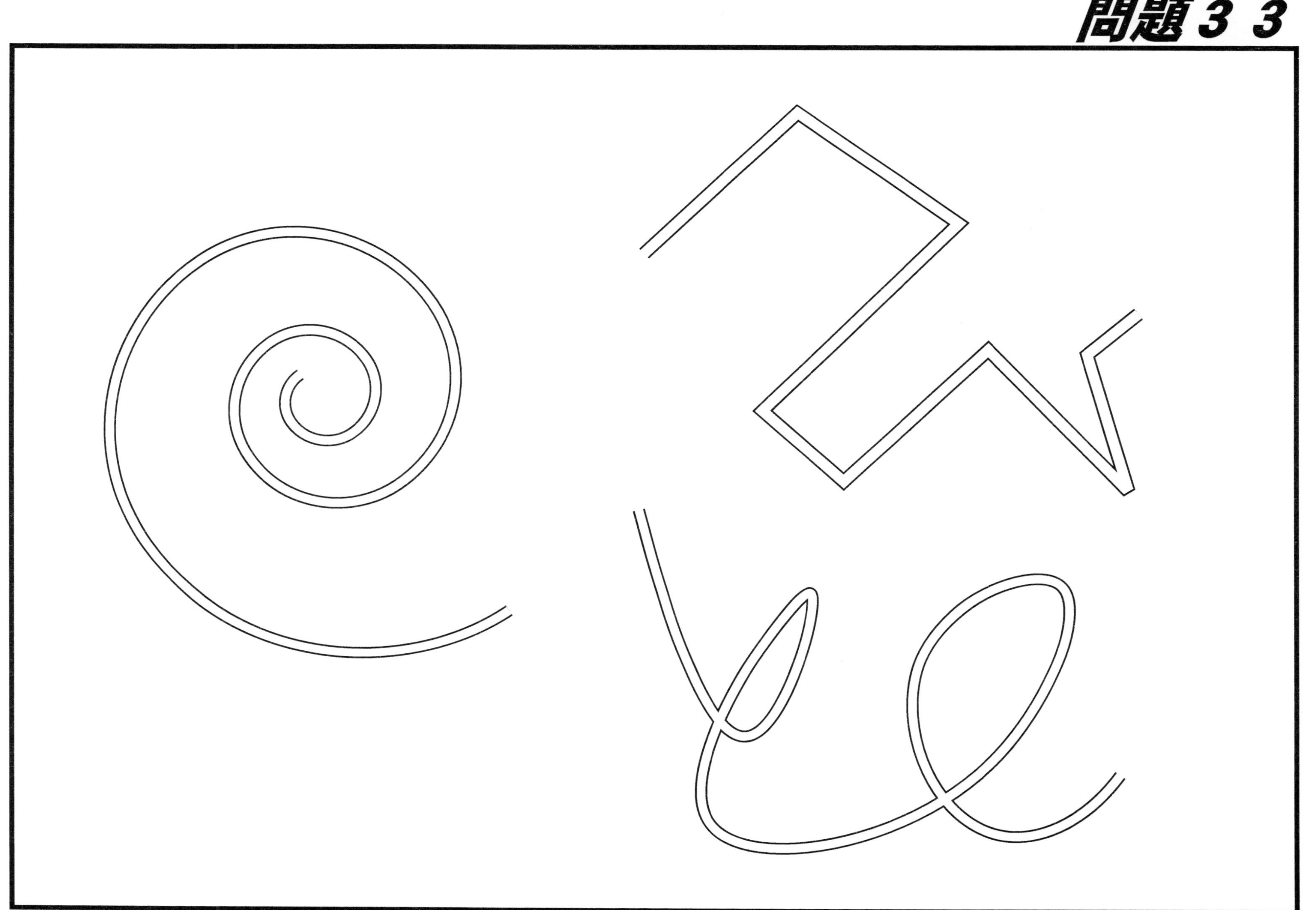

無断複製／転載を禁ずる

日本学習図書株式会社

問題３４

問題36

①

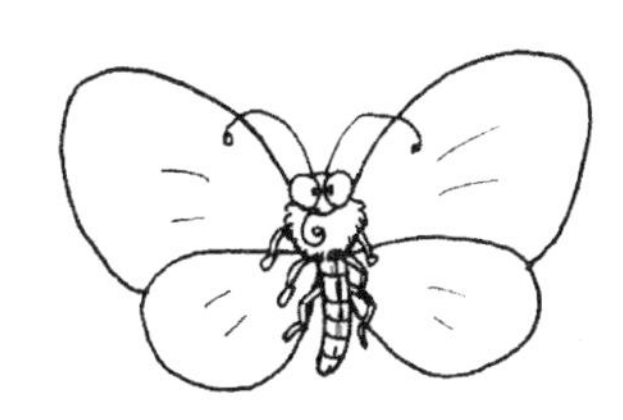

②

③

④

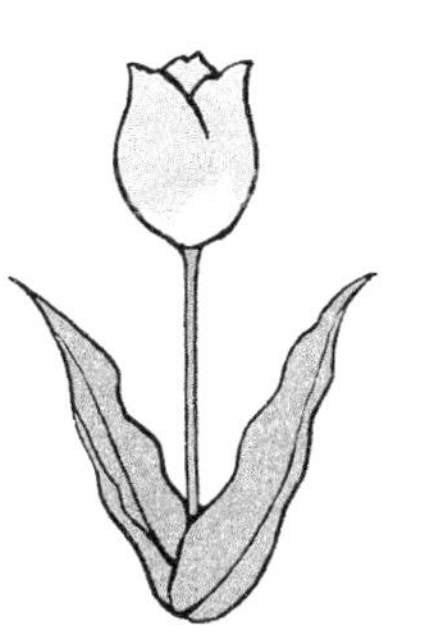
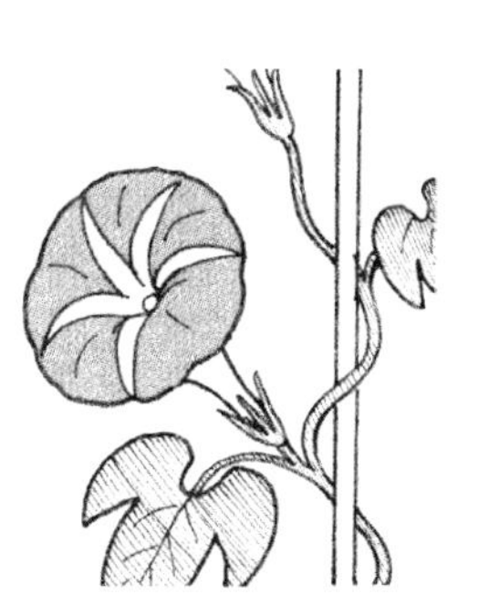

無断複製／転載を禁ずる

日本学習図書株式会社

問題３７－１

①

②

問題３７－２

③

④

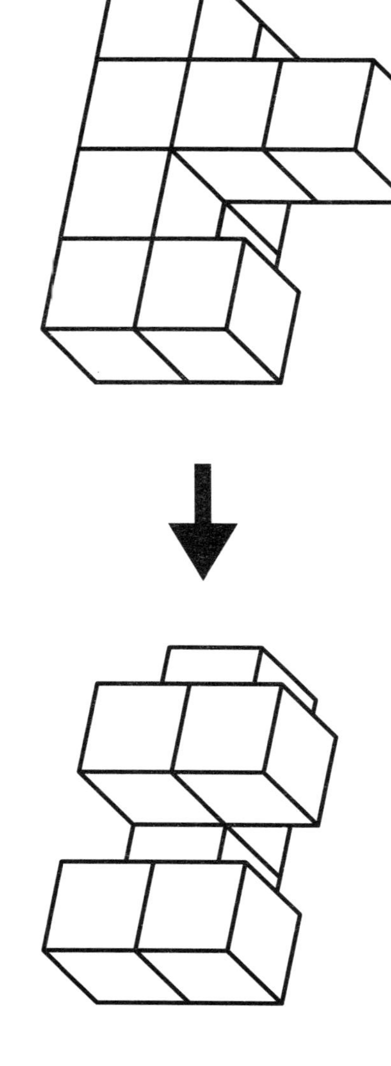

無断複製／転載を禁ずる

日本学習図書株式会社

問題３８

①

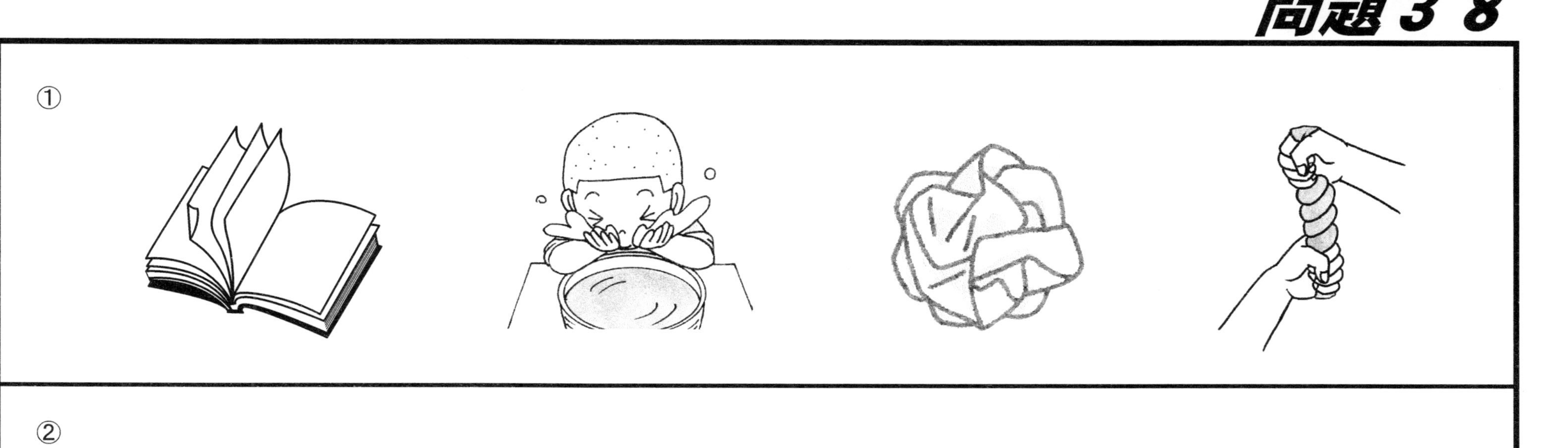

②

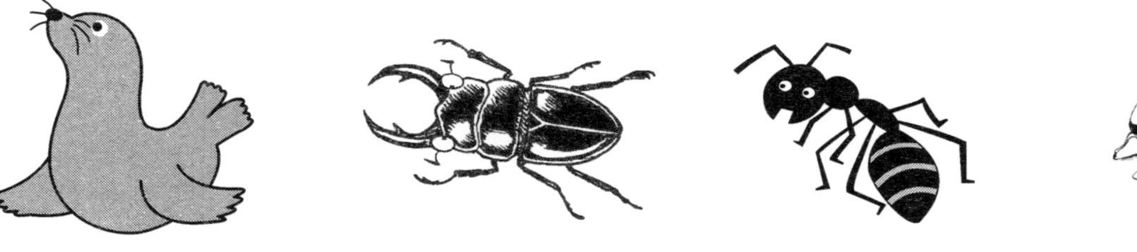

③

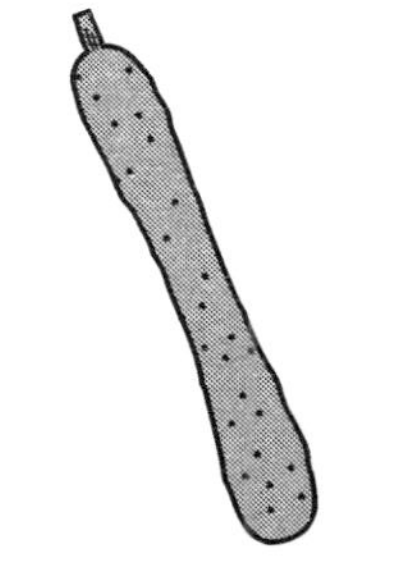

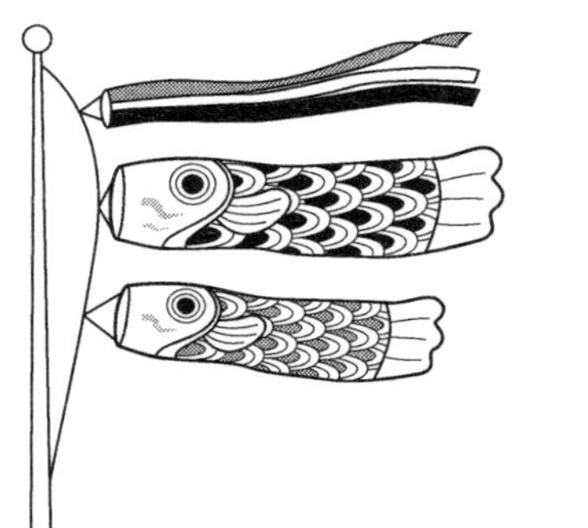

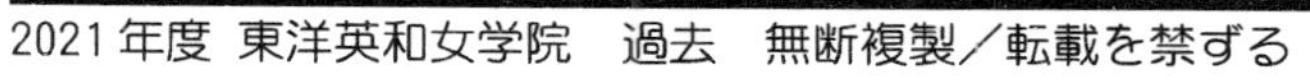

問題３９

①

②

問題４０

①

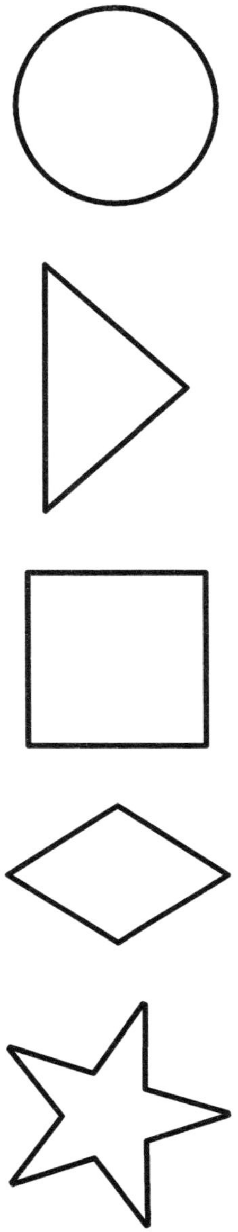

②

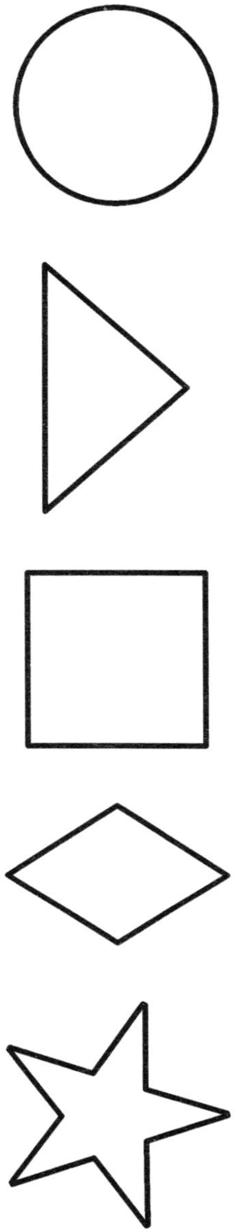

③

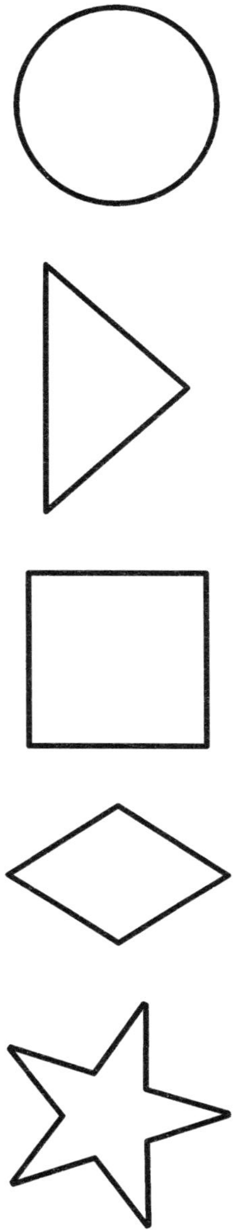

図書カード 1000 円分プレゼント

ご記入日 令和　　年　　月　　日

☆国・私立小学校受験アンケート☆

※可能な範囲でご記入下さい。選択肢は○で囲んで下さい。

〈小学校名〉＿＿＿＿＿＿＿＿　〈お子さまの性別〉男・女　〈誕生月〉＿＿月

〈その他の受験校〉（複数回答可）＿＿＿＿＿＿＿＿

〈受験日〉①：＿＿月＿＿日〈時間〉＿＿時＿＿分～＿＿時＿＿分

②：＿＿月＿＿日〈時間〉＿＿時＿＿分～＿＿時＿＿分

〈受験者数〉男女計＿＿名（男子＿＿名　女子＿＿名）

〈お子さまの服装〉＿＿＿＿＿＿＿＿

〈入試全体の流れ〉（記入例）準備体操→行動観察→ペーパーテスト

＿＿＿＿＿＿＿＿

Eメールによる情報提供

日本学習図書では、Eメールでも入試情報を募集しております。

下記のアドレスに、アンケートの内容をご入力の上、メールをお送り下さい。

ojuken@nichigaku.jp

●行動観察　（例）好きなおもちゃで遊ぶ・グループで協力するゲームなど

〈実施日〉＿＿月＿＿日〈時間〉＿＿時＿＿分～＿＿時＿＿分〈着替え〉□有 □無

〈出題方法〉□肉声 □録音 □その他（　　　　）〈お手本〉□有 □無

〈試験形態〉□個別 □集団（　　人程度）

〈会場図〉

〈内容〉

□自由遊び

＿＿＿＿＿＿＿＿

□グループ活動

＿＿＿＿＿＿＿＿

□その他

＿＿＿＿＿＿＿＿

●運動テスト（有・無）　（例）跳び箱・チームでの競争など

〈実施日〉＿＿月＿＿日〈時間〉＿＿時＿＿分～＿＿時＿＿分〈着替え〉□有 □無

〈出題方法〉□肉声 □録音 □その他（　　　　）〈お手本〉□有 □無

〈試験形態〉□個別 □集団（　　人程度）

〈会場図〉

〈内容〉

□サーキット運動

□走り □跳び箱 □平均台 □ゴム跳び

□マット運動 □ボール運動 □なわ跳び

□クマ歩き

□グループ活動＿＿＿＿＿＿＿＿

□その他＿＿＿＿＿＿＿＿

●知能テスト・口頭試問

〈実施日〉 ＿＿月＿＿日 〈時間〉 ＿＿時＿＿分 ～ ＿＿時＿＿分 〈お手本〉□有 □無

〈出題方法〉 □肉声 □録音 □その他（　　　　　　） 〈問題数〉 ＿＿枚 ＿＿問

分野	方法	内　容	詳　細・イ　ラ　ス　ト
（例） お話の記憶	☑筆記 □口頭	動物たちが待ち合わせをする話	（あらすじ） 動物たちが待ち合わせをした。最初にウサギさんが来た。次にイヌくんが、その次にネコさんが来た。最後にタヌキくんが来た。 （問題・イラスト） ３番目に来た動物は誰か
お話の記憶	□筆記 □口頭		（あらすじ） （問題・イラスト）
図形	□筆記 □口頭		
言語	□筆記 □口頭		
常識	□筆記 □口頭		
数量	□筆記 □口頭		
推理	□筆記 □口頭		
その他	□筆記 □口頭		

日本学習図書株式会社

●制作　(例) ぬり絵・お絵かき・工作遊びなど

〈実施日〉＿月＿日 〈時間〉＿時＿分＿～＿時＿分

〈出題方法〉 □肉声 □録音 □その他（　　　　） 〈お手本〉□有 □無

〈試験形態〉 □個別 □集団（　　　人程度）

材料・道具	制作内容
□ハサミ □のり（□つぼ □液体 □スティック） □セロハンテープ □鉛筆 □クレヨン（　色） □クーピーペン（　色） □サインペン（　色）□ □画用紙（□ A4 □ B4 □ A3 □その他：　　　　） □折り紙 □新聞紙 □粘土 □その他（　　　　）	□切る □貼る □塗る □ちぎる □結ぶ □描く □その他（　　　　） タイトル：＿＿＿＿＿＿＿＿

●面接

〈実施日〉＿月＿日 〈時間〉＿時＿分＿～＿時＿分 〈面接担当者〉＿＿名

〈試験形態〉 □志願者のみ（　）名 □保護者のみ □親子同時 □親子別々

〈質問内容〉

□志望動機　□お子さまの様子

□家庭の教育方針

□志望校についての知識・理解

□その他（　　　　　　　　）

（詳　細）

・

・

・

・

※試験会場の様子をご記入下さい。

例

校長先生　教頭先生

父　子　母

出入口

●保護者作文・アンケートの提出（有・無）

〈提出日〉 □面接直前 □出願時 □志願者考査中 □その他（　　　　　）

〈下書き〉 □有 □無

〈アンケート内容〉

（記入例）当校を志望した理由はなんですか（150 字）

●説明会（□有　□無）〈開催日〉＿＿月＿＿日〈時間〉＿＿時＿＿分　～　＿＿時＿＿分

〈上履き〉　□要　□不要　〈願書配布〉　□有　□無　〈校舎見学〉　□有　□無

〈ご感想〉

●参加された学校行事（複数回答可）

公開授業〈開催日〉＿＿月＿＿日〈時間〉＿＿時＿＿分　～　＿＿時＿＿分

運動会など〈開催日〉＿＿月＿＿日〈時間〉＿＿時＿＿分　～　＿＿時＿＿分

学習発表会・音楽会など〈開催日〉＿＿月＿＿日〈時間〉＿＿時＿＿分　～　＿＿時＿＿分

〈ご感想〉

※是非参加したほうがよいと感じた行事について

●受験を終えてのご感想、今後受験される方へのアドバイス

※対策学習（重点的に学習しておいた方がよい分野）、当日準備しておいたほうがよい物など

＊＊＊＊＊＊＊＊＊＊＊＊＊　ご記入ありがとうございました　＊＊＊＊＊＊＊＊＊＊＊＊＊

必要事項をご記入の上、ポストにご投函ください。

なお、本アンケートの送付期限は入試終了後３ヶ月とさせていただきます。また、入試に関する情報の記入量が当社の基準に満たない場合、謝礼の送付ができないことがございます。あらかじめご了承ください。

ご住所：〒＿＿＿＿＿＿＿＿＿＿

お名前：＿＿＿＿＿＿＿＿　メール：＿＿＿＿＿＿＿＿

TEL：＿＿＿＿＿＿＿＿　FAX：＿＿＿＿＿＿＿＿

アンケートのご記入ありがとうございました

ご記入頂いた個人に関する情報は、当社にて厳重に管理致します。弊社の個人情報取り扱いに関する詳細は、www.nichigaku.jp/policy.php の「個人情報の取り扱い」をご覧下さい。

分野別 小学入試練習帳 ジュニアウォッチャー

1. 点・線図形	小学校入試で出題頻度の高い『点・線図形』の模写を、難易度の低いものから段階別に幅広く練習することができるように構成。
2. 座標	図形の位置模写という作業を、難易度の低いものから段階別に練習できるように構成。
3. パズル	様々なパズルの問題を難易度の低いものから段階別に練習できるように構成。
4. 同図形探し	小学校入試で出題頻度の高い、同図形選びの問題を繰り返し練習できるように構成。
5. 回転・展開	図形などを回転、または展開したとき、形がどのように変化するかを学習し、理解を深められるように構成。
6. 系列	数、図形などの様々な系列問題を、難易度の低いものから段階別に練習できるように構成。
7. 迷路	迷路の問題を繰り返し練習できるように構成。
8. 対称	対称に関する問題を4つのテーマに分類し、各テーマごとに問題を段階別に練習できるように構成。
9. 合成	図形の合成に関する問題を、難易度の低いものから段階別に練習できるように構成。
10. 四方からの観察	もの（立体）を様々な角度から見て、どのように見えるかを推理する問題を段階別に整理し、1つの形式で複数の問題を練習できるように構成。
11. いろいろな仲間	ものや動物、植物の共通点を見つけ、分類していく問題を中心に構成。
12. 日常生活	日常生活における様々な問題を6つのテーマに分類し、各テーマごとに一つの問題形式で複数の問題を練習できるように構成。
13. 時間の流れ	『時間』に着目し、様々なものごとは、時間が経過するとどのように変化するのかということを学習し、理解できるように構成。
14. 数える	様々なものを『数える』ことから、数の多少の判定やかけ算、わり算の基礎までを練習できるように構成。
15. 比較	比較に関する問題を5つのテーマ（数、高さ、長さ、量、重さ）に分類し、各テーマごとに問題を段階別に練習できるように構成。
16. 積み木	数える対象を積み木に限定した問題集。
17. 言葉の音遊び	言葉の音に関する問題を5つのテーマに分類し、各テーマごとに問題を段階別に練習できるように構成。
18. いろいろな言葉	表現力をより豊かにするいろいろな言葉として、擬態語や擬声語、同音異義語、反意語、数詞を取り上げた問題集。
19. お話の記憶	お話を聴いてその内容を記憶、理解し、設問に答える形式の問題集。
20. 見る記憶・聴く記憶	「見て憶える」「聴いて憶える」という『記憶』分野に特化した問題集。
21. お話作り	いくつかの絵を元にしてお話を作る練習をして、想像力を養うことができるように構成。
22. 想像画	描かれてある形や景色に好きな絵を描くことにより、想像力を養うことができるように構成。
23. 切る・貼る・塗る	小学校入試で出題頻度の高い、はさみやのりなどを用いた巧緻性の問題を繰り返し練習できるように構成。
24. 絵画	小学校入試で出題頻度の高い、お絵かきやぬり絵などクレヨンやクーピーペンを用いた巧緻性の問題を繰り返し練習できるように構成。
25. 生活巧緻性	小学校入試で出題頻度の高い日常生活の様々な場面における巧緻性の問題集。
26. 文字・数字	ひらがなの清音、濁音、拗音、拗長音、促音と1～20までの数字に焦点を絞り、練習できるように構成。
27. 理科	小学校入試で出題頻度が高くなりつつある理科の問題を集めた問題集。
28. 運動	出題頻度の高い運動問題を種目別に分けて構成。
29. 行動観察	項目ごとに問題提起をし、「このような時はどうか、あるいはどう対処するのか」の観点から問いかける形式の問題集。
30. 生活習慣	学校から家庭に提起された問題と思って、一問一問絵を見ながら話し合い、考える形式の問題集。
31. 推理思考	数、量、言語、常識（含理科、一般）など、諸々のジャンルから問題を構成し、近年の小学校入試問題傾向に沿って構成。
32. ブラックボックス	箱や筒の中を通ると、どのようなお約束でどのように変化するかを推理・思考する問題集。
33. シーソー	重さの違うものをシーソーに乗せた時どちらに傾くのか、またどうすればシーソーは釣り合うのかを思考する基礎的な問題集。
34. 季節	様々な行事や植物などを季節別に分類できるように知識をつける問題集。
35. 重ね図形	小学校入試で頻繁に出題されている「図形を重ね合わせてできる形」についての問題を集めました。
36. 同数発見	様々な物を数え「同じ数」を発見し、数の多少の判断や数の認識の基礎を学べるように構成した問題集。
37. 選んで数える	数の学習の基本となる、いろいろなものの数を正しく数える学習を行う問題集。
38. たし算・ひき算1	数字を使わず、たし算とひき算の基礎を身につけるための問題集。
39. たし算・ひき算2	数字を使わず、たし算とひき算の基礎を身につけるための問題集。
40. 数を分ける	数を等しく分ける問題です。等しく分けたときに余りが出るものもあります。
41. 数の構成	ある数がどのような数で構成されているか学んでいきます。
42. 一対多の対応	一対一の対応から、一対多の対応まで、かけ算の考え方の基礎学習を行います。
43. 数のやりとり	あげたり、もらったり、数の変化をしっかりと学びます。
44. 見えない数	指定された条件から数を導き出します。
45. 図形分割	図形の分割に関する問題集。パズルや合成の分野にも通じる様々な問題を集めました。
46. 回転図形	「回転図形」に関する問題集。やさしい問題から始め、いくつかの代表的なパターンから、段階を踏んで学習できるよう編集されています。
47. 座標の移動	「マス目の指示通りに移動する問題」と「指示された数だけ移動する問題」を収録。
48. 鏡図形	鏡で左右反転させた時の見え方を考えます。平面図形から立体図形、文字、絵まで。
49. しりとり	すべての学習の基礎となる「言葉」を学ぶこと、特に「語彙」を増やすことに重点をおき、さまざまなタイプの「しりとり」問題を集めました。
50. 観覧車	観覧車やメリーゴーラウンドなどを舞台にした「回転系列」の問題集。「推理思考」分野の問題ですが、要素として「図形」や「数量」も含みます。
51. 運筆①	鉛筆の持ち方を学び、点線なぞり、お手本を見ながらの模写で、線を引く練習をします。
52. 運筆②	運筆①からさらに発展し、「欠所補完」や「迷路」などを楽しみながら、より複雑な鉛筆運びを習得することを目指します。
53. 四方からの観察 積み木編	積み木を使用した「四方からの観察」に関する問題を練習できるように構成。
54. 図形の構成	見本の図形がどのような部分によって形づくられているかを考えます。
55. 理科②	理科的知識に関する問題を集中して練習する「常識」分野の問題集。
56. マナーとルール	道路や駅、公共の場でのマナー、安全や衛生に関する常識を学べるように構成。
57. 置き換え	さまざまな具体的・抽象的事象を記号で表す「置き換え」の問題を扱います。
58. 比較②	長さ・高さ・体積・数などを数学的な知識を使わず、論理的に推測する「比較」の問題を練習できるように構成。
59. 欠所補完	線と線のつながり、欠けた絵に当てはまるものなどを求める「欠所補完」に取り組める問題集です。
60. 言葉の音（おん）	しりとり、決まった順番の音をつなげるなど、「言葉の音」に関する問題に取り組める練習問題集です。

◆◆ニチガクのおすすめ問題集◆◆

より充実した家庭学習を目指し、ニチガクではさまざまな問題集をとりそろえております!!

サクセスウォッチャーズ（全18巻）

①～⑱
本体各￥2,200＋税

全９分野を「基礎必修編」「実力アップ編」の２巻でカバーした、合計18冊。
各巻80問と豊富な問題数に加え、他の問題集では掲載していない詳しいアドバイスが、お子さまを指導する際に役立ちます。
各ページが、すぐに使えるミシン目付き。本番を意識したドリルワークが可能です。

ジュニアウォッチャー（既刊60巻）

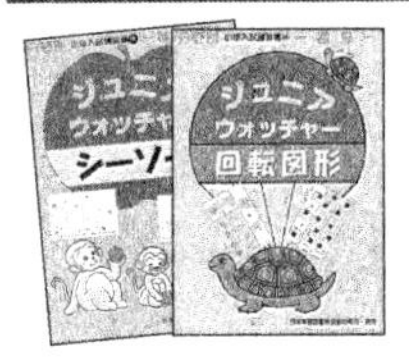

①～60（以下続刊）
本体各￥1,500＋税

入試出題頻度の高い９分野を、さらに60の項目にまで細分化。基礎学習に最適のシリーズ。
苦手分野におけるつまずきを、効率よく克服するための60冊です。
ポイントが絞られているため、無駄なく高い効果を得られます。

国立・私立NEWウォッチャーズ

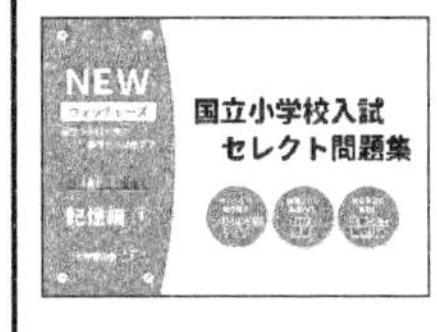

言語／理科／図形／記憶
常識／数量／推理
本体各￥2,000＋税

シリーズ累計発行部数40万部以上を誇る大ベストセラー「ウォッチャーズシリーズ」の趣旨を引き継ぐ新シリーズ!!
実際に出題された過去問の「類題」を32問掲載。全問に「解答のポイント」付きだから家庭学習に最適です。「ミシン目」付き切り離し可能なプリント学習タイプ！

実践 ゆびさきトレーニング①・②・③

本体各￥2,500＋税

制作問題に特化した一冊。有名校が実際に出題した類似問題を35問掲載。
様々な道具の扱い（はさみ・のり・セロハンテープの使い方）から、手先・指先の訓練（ちぎる・貼る・塗る・切る・結ぶ）、また、表現することの楽しさも経験できる問題集です。

お話の記憶・読み聞かせ

［お話の記憶問題集］
中級／上級編
本体各￥2,000＋税

初級／過去類似編／ベスト30
本体各￥2,600＋税

1話5分の読み聞かせお話集①・②、入試実践編①
本体各￥1,800＋税

あらゆる学習に不可欠な、語彙力・集中力・記憶力・理解力・想像力を養うと言われているのが「お話の記憶」分野の問題。問題集は全問アドバイス付き。

分野別 苦手克服シリーズ（全6巻）

図形／数量／言語／
常識／記憶／推理
本体各￥2,000＋税

数量・図形・言語・常識・記憶の６分野。アンケートに基づいて、多くのお子さまがつまづきやすい苦手問題を、それぞれ40問掲載しました。
全問アドバイス付きですので、ご家庭において、そのつまづきを解消するためのプロセスも理解できます。

運動テスト・ノンペーパーテスト問題集

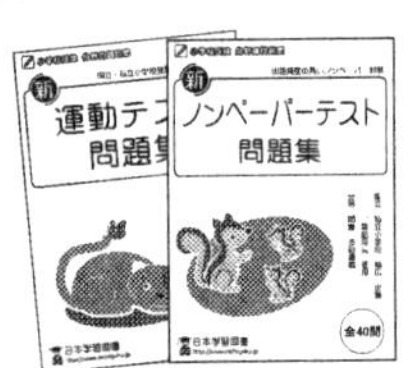

新 運動テスト問題集
本体￥2,200＋税

新 ノンペーパーテスト問題集
本体￥2,600＋税

ノンペーパーテストは国立・私立小学校で幅広く出題される、筆記用具を使用しない分野の問題を全40問掲載。
運動テスト問題集は運動分野に特化した問題集です。指示の理解や、ルールを守る訓練など、ポイントを押さえた学習に最適。全35問掲載。

口頭試問・面接テスト問題集

新 口頭試問・個別テスト問題集
本体￥2,500＋税

面接テスト問題集
本体￥2,000＋税

口頭試問は、主に個別テストとして口頭で出題解答を行うテスト形式。面接は、主に「考え」やふだんの「あり方」をたずねられるものです。
口頭で答える点は同じですが、内容は大きく異なります。想定する質問内容や答え方の幅を広げるために、どちらも手にとっていただきたい問題集です。

小学校受験 厳選難問集 ①・②

本体各￥2,600＋税

実際に出題された入試問題の中から、難易度の高い問題をピックアップし、アレンジした問題集。応用問題への挑戦は、基礎の理解度を測るだけでなく、お子さまの達成感・知的好奇心を触発します。
①は数量・図形・推理・言語、②は位置・常識・比較・記憶分野の難問を掲載。それぞれ40問。

国立小学校 対策問題集

国立小学校入試問題Ａ・Ｂ・Ｃ（全3巻） 本体各￥3,282＋税

新 国立小学校直前集中講座
本体￥3,000＋税

国立小学校頻出の問題を厳選。細かな指導方法やアドバイスが掲載してあり、効率的な学習が進められます。「総集編」は難易度別にＡ～Ｃの３冊。付録のレーダーチャートにより得意・不得意を認識でき、国立小学校受験対策に最適です。入試直前の対策には「新 直前集中講座」！

おうちでチャレンジ ①・②

本体各￥1,800＋税

関西最大級の模擬試験である小学校受験標準テストのペーパー問題を編集した実力養成に最適な問題集。延べ受験者数10,000人以上のデータを分析しお子さまの習熟度・到達度を一目で判別。
保護者必読の特別アドバイス収録！

Q＆Aシリーズ

『小学校受験で知っておくべき125のこと』
『小学校受験に関する 保護者の悩みQ＆A』
『新 小学校受験の入試面接Q＆A』
『新 小学校受験 願書・アンケート文例集500』
本体各￥2,600＋税
『小学校受験のための
願書の書き方から面接まで』
本体￥2,500＋税

「知りたい！」「聞きたい！」「こんな時どうすれば…？」そんな疑問や悩みにお答えする、オススメの人気シリーズです。

書籍についてのご注文・お問い合わせ
☎ 03-5261-8951

http://www.nichigaku.jp
※ご注文方法、書籍についての詳細は、Webサイトをご覧ください。

日本学習図書 検索

『読み聞かせ』×『質問』＝『聞く力』

お話の記憶の練習に最適

1話5分の 読み聞かせお話集①②

「アラビアン・ナイト」「アンデルセン童話」「イソップ寓話」「グリム童話」、日本や各国の民話、昔話、偉人伝の中から、教育的な物語や、過去に小学校入試でも出題された有名なお話を中心に掲載。お話ごとに、内容に関連したお子さまへの質問も掲載しています。「読み聞かせ」を通して、お子さまの『聞く力』を伸ばすことを目指します。　①巻・②巻　各48話

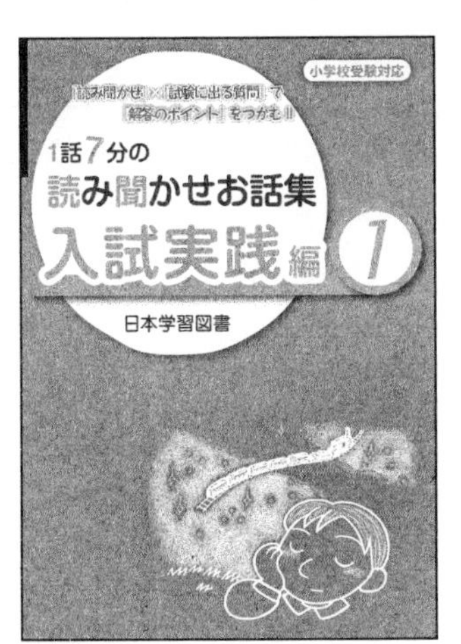

1話7分の読み聞かせお話集 入試実践編①

最長1,700文字の長文のお話を掲載。有名でない＝「聞いたことのない」お話を聞くことで、『集中力』のアップを目指します。設問も、実際の試験を意識した設問としています。ペーパーテスト実施校の多くが「お話の記憶」の問題を出題します。毎日の「読み聞かせ」と「試験に出る質問」で、「解答のポイント」をつかんで臨みましょう！　50話収録

ニチガクの この5冊で受験準備も万全！

小学校受験入門 願書の書き方から面接まで リニューアル版

主要私立・国立小学校の願書・面接内容を中心に、学校選びや入試の分野傾向、服装コーディネート、持ち物リストなども網羅し、受験準備全体をサポートします。

小学校受験で 知っておくべき 125のこと

小学校受験の基本から怪しい「ウワサ」まで、保護者の方々からの 125 の質問にていねいに解答。目からウロコのお受験本。

新　小学校受験の 入試面接Q＆A リニューアル版

過去十数年に遡り、面接での質問内容を網羅。小学校別、父親・母親・志願者別、さらに学校のこと・志望動機・お子さまについてなど分野ごとに模範解答例やアドバイスを掲載。

新　願書・アンケート 文例集 500 リニューアル版

有名私立小、難関国立小の願書やアンケートに記入するための適切な文例を、質問の項目別に収録。合格を掴むためのヒントが満載！願書を書く前に、ぜひ一度お読みください。

小学校受験に関する 保護者の悩みQ＆A

保護者の方約 1,000 人に、学習・生活・躾に関する悩みや問題を取材。その中から厳選した 200 例以上の悩みに、「ふだんの生活」と「入試直前」のアドバイス２本立てで悩みを解決。

日本学習図書株式会社

保護者のてびき第２弾は２冊!!

日本学習図書 代表取締役社長
後藤 耕一朗：著

「ズバリ解決!! お助けハンドブック」～学習編・生活編～

各 1,800 円＋税

保護者のてびき② 学習編

保護者のてびき③ 生活編

保護者のてびき①　　1,800 円＋税

『子どもの「できない」は親のせい？』

第１弾も大好評！

笑いあり！厳しさあり！
じゃあ、親はいったいどうすればいいの？かがわかる、
目からウロコのコラム集。
子どもとの向き合い方が
変わります！

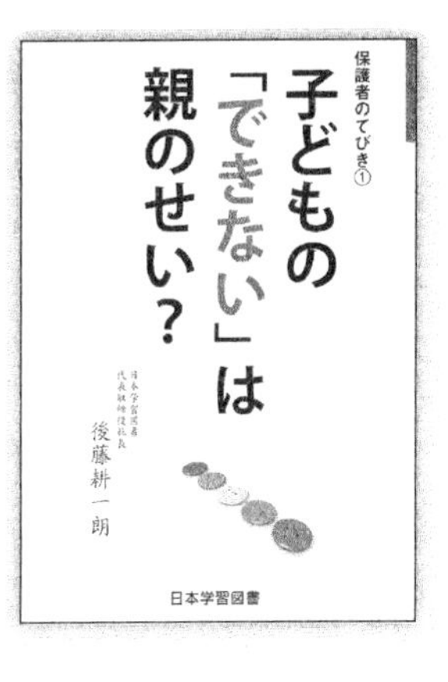

タイトル	本体価格	注文数	合計
保護者のてびき①　子どもの「できない」は親のせい？	1,800 円（税抜）	冊	冊
保護者のてびき②　ズバリ解決!! お助けハンドブック～学習編～	1,800 円（税抜）	冊	（税込み）
保護者のてびき③　ズバリ解決!! お助けハンドブック～生活編～	1,800 円（税抜）	冊	円

10,000円以上のご購入なら、運賃・手数料は弊社が負担！ぜひ、気になる商品と合わせてご注文ください!!

（フリガナ）
氏名

電話
FAX
E-mail
以前にご注文されたことはございますか。　有 ・ 無

住所 〒　　－

※お受け取り時間のご指定は、「午前中」以降は約2時間おきになります。
※ご住所によっては、ご希望にそえない場合がございます。

希望指定日時等
月　日
時 ～ 時

★お近くの書店、または弊社の電話番号・FAX・ホームページにてご注文を受け付けております。弊社へのご注文の場合、お支払いは現金、またはクレジットカードによる「代金引換」となります。また、代金には消費税と送料がかかります。
★ご記入いただいた個人情報は、弊社にて厳重に管理いたします。なお、ご購入いただいた商品発送の他に、弊社発行の書籍案内、書籍に関する調査に使用させていただく場合がございますので、予めご了承ください。
※落丁・乱丁以外の理由による商品の返品・交換には応じかねます。

Mail：info@nichigaku.jp / TEL：03-5261-8951 / FAX：03-5261-8953

日本学習図書（ニチガク）

家庭学習をトータルサポート！ ニチガクのオリジナル 効果的 学習法

1 まずは アドバイスページを読む！

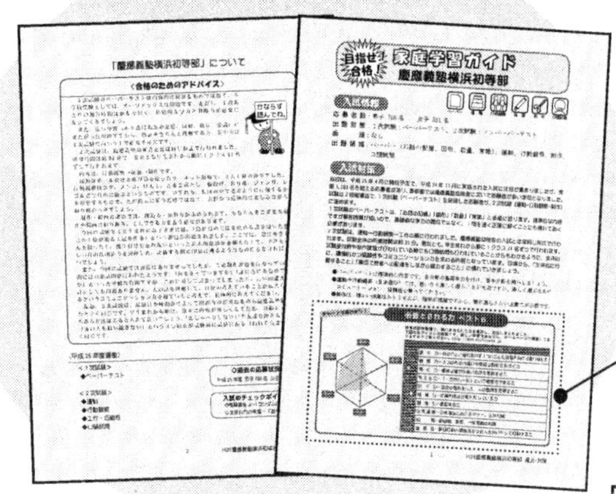

ピンク色です

対策や試験ポイントがぎっしりつまった「家庭学習ガイド」。分析内容やレーダーチャート、分野アイコンで、試験の傾向をおさえよう！

2 問題を全て読み、出題傾向を把握する

3 「学習のポイント」で学校側の観点や問題の解説を熟読

4 初めて過去問題にチャレンジ！

5 プラスα 対策問題集や類題で力を付ける

過去問のこだわり

各問題に求められる「力」

分野だけでなく、各問題の求められる「力」をアイコンで表記！アドバイスページの分析レーダーチャートで力のバランスも把握できる！

各問題のジャンル

問題1 分野：数量（計数） 集中 観察

〈準備〉 クレヨン

〈問題〉 ①虫がたくさんいます。それぞれの虫は何匹いますか。下のそれぞれの絵の右側に、その数だけ緑色のクレヨンで○を書いてください。
②果物が並んでいます。それぞれの果物はいくつありますか。下のそれぞれの絵の右側に、その数だけ赤色のクレヨンで○を書いてください。

〈時間〉 1分

〈解答〉 ①アメンボ…5、カブトムシ…8、カマキリ…11、コオロギ…9
②ブドウ…6、イチゴ…10、バナナ…8、リンゴ…5

［2018年度出題］

出題年度

学習のポイント

①は男子、②は女子で出題されました。1次試験のペーパーテストは、全体的にオーソドックスな内容で、特別に難易度が高い問題ではありません。しかし、解答時間が短く、解き終わらない受験者も多かったようです。本問のような計数問題では、特に根気よく、数え落としがないように進めなければなりません。そのためにも、例えば、左上の虫から右に見ていく、もしくは縦に見ていく、というように、ルールを決めて数えていくこと、また、○や×、△などの印を虫ごとに付けていくことで、数え落としのミスを減らせます。時間は短いため焦りがつきものですが、落ち着いて取り組めるよう、少しずつ練習していきましょう。

【おすすめ問題集】
Ｊｒ・ウォッチャー14「数える」、37「選んで数える」

学習のポイント

各問題の解説や学校の観点、指導のポイントなどを教えます。
保護者の方が今日から家庭学習の先生に！

おすすめ対策問題集

分野ごとに対策問題集をご紹介。苦手分野の克服に最適です！
＊専用注文書付き。

2021年度版　東洋英和女学院小学部
過去問題集

発行日　2020年8月3日
発行所　〒162-0821　東京都新宿区津久戸町 3-11-9F
日本学習図書株式会社
電　話　03-5261-8951 ㈹

・本書の一部または全部を無断で複写転載することは禁じられています。
乱丁、落丁の場合は発行所でお取り替え致します。

詳細は http://www.nichigaku.jp 日本学習図書 検索

ISBN978-4-7761-5283-5
C6037 ¥2000E

定価　本体2,000円＋税